논리적으로 생각하는 습관

논리적으로 생각하는 습관

지은이 바운드
감수자 모테기 히데아키
그린이 세가와 쇼시
옮긴이 김나정
펴낸이 이규호
펴낸곳 북스토리지

초판 1쇄 인쇄 2022년 6월 10일
초판 1쇄 발행 2022년 6월 20일

출판신고 제2021-000024호
10874 경기도 파주시 청석로 256 교하일번가빌딩 605호
E-mail b-storage@naver.com Blog blog.naver.com/b-storage
ISBN 979-11-978004-4-3 73170

KODOMO LOGICAL SHIKOU
Copyright © 2021 by Bound, Hideaki Motegi
All rights reserved.

No part of this book may be used or reproduced in any manner
whatsoever without written permission except in the case of brief quotations
embodied in critical articles and reviews.

Originally published in Japan in 2021 by KANZEN Co., Ltd.
Korean translation Copyright © 2022 by B-STORAGE
Korean edition is published by arrangement with KANZEN Co., Ltd.
through BC Agency.

이 책의 한국어판 저작권은 BC에이전시를 통해 저작권사와의 독점 계약을 맺은 북스토리지에 있습니다.
저작권법에 의해 한국 내에서 보호를 받는 저작물이므로 무단전재와 복제를 금합니다.

• 출판사의 허락 없이 내용의 일부를 인용하거나 발췌하는 것을 금합니다.
• 가격은 뒤표지에 있습니다.

논리적으로 생각하는 습관

바운드 지음 | **모테기 히데아키** 감수 | **김나정** 옮김

들어가며

논리적 사고는 살아가는 데 필요한 지혜
나 자신을 지키는 든든한 무기

앞으로의 사회는 어떤 사람을 인재로 요구하게 될까요? 기업이 원하는 인재의 자질(즉, 현대사회가 요구하는 능력)로는 최근 10년 이상 '커뮤니케이션 능력'이 1위를 차지해 왔어요. 요즘에는 스마트폰과 SNS를 통해 해외에 있는 사람과도 손쉽게 소통할 수 있게 되었어요. 이와 같은 글로벌 시대의 공통 언어는 영어, 공통 수단으로는 로직(logic, 논리)이라고 할 수 있는데, 영어와 로직 모두 우리에게는 아직 어려운 분야이지요.

커뮤니케이션이 이루어지는 과정에서 각자의 배경이 되는 문화와 역사, 사회 환경 등이 서로 다른 경우, 말하고자 하는 내용을 논리적으로 이야기하지 않으면 의미가 제대로 전달되기 어려워요. 커뮤니케이션이 제대로 이루어지지 않으면 일이나 인간관계, 나아가 국가 간의 관계도 원활해지지 않겠지요.

그래서 흔히 사람들은 영어를 하면 된다고 생각하지만, 영어도 그저 말할 줄만 알면 되는 것이 아니라, 논리적으로 말해야만 효과적으로 소통할 수 있어요. 따라서 앞으로는 영어와 논리를 함께 배울 필요가 있으며, 이 때문에 국어와 논리를 되도록 빨리 학습하는 것이 중요하답니다.

태어난 이후부터 줄곧 IT 환경에서 성장한 '디지털 네이티브'가 계속해서 늘고 있지만, 한편으로는 이메일이나 SNS에 익숙해지면서 오히려 대인 관계나 대면 소통에 어려움을 느끼는 사람 또한 늘고 있어요.

특히 젊은 세대의 언어를 들여다보면, 짧은 단어로 모든 상황을 표현하려는 경향이 눈에 띄지요. 친구와의 대화에서 '노노', '쏘쏘', '현타', '개~' 등과 같은 수준의 짧은 단어로 표현하여 소통하는 건 별 문제가 되지 않아요. 하지만 성인과의 대화에서도 같은 상황이 벌어진다면, 가족과의 대화도 적어질 수밖에 없겠지요.

어느 날, 미국인 친구 가족과 식사를 함께 하는 자리에서 있었던 대화가 떠오르는군요. 미국인 아빠가 아들에게 "작은 새가 벌레를 쪼아 먹는 모습을 본 부처님은 뭘 깨달았을까?"라고 묻자, 초등학교 저학년인 아들은 쉽게 대답하지 못했어요. 그러자 아빠는 "생물은 다른 생물의 생명이 있어야 살아갈 수 있다는 걸 깨달았대."라고 아들에게 말해 주었지요. 미국인은 흔히 자신의 의견을 주장하는 법을 배운다고 알려져 있는데, 그것은 비단 학교에서뿐 아니라 가정에서도 학습이 이루어진답니다.

여러분도 부모님께 궁금한 점이 있다면 고민하지 말고 적극적으로 물어보세요. 이런 자세는 인생을 더욱 풍요롭게 만드는 배움의 자세를 갖추게 되는 일로도 이어지니까요.

논리적으로 쓰고 말하기 위해서는 우선 논리적으로 생각해야 해요. 이와 같은 논리력을 습득할 수 있는 가장 효과적인 방법은 탐구를 위한 토론 방법을 배우는 것이랍니다. 이 책은 토론을 통해 배울 수 있는 논리적 사고의 비법을 초등학생도 배울 수 있도록 알기 쉽게 풀어 쓴 책이에요. 논리적 사고를 습득하기 위해서는 평소에도 꾸준히 연습해야 해요. 이러한 과정은 '왜', '어째서'라는 소박한 의문이나 호기심을 소중히 여기고, 과제를 탐구하여 문제의 본질과 해결책, 그리고 진실을 찾아가는 일이지요. 또한 학습 과정에서 다른 사람에게 질문하거나 함께 토론하면서 혼자서는 깨닫지 못했던 것을 발견할 때도 있답니다. 아이디어를 떠올리거나 다른 사람을 설득하면서 문제를 해결해 나가는 논리적 사고력과, 이러한 사고를 바탕으로 한 커뮤니케이션 능력, 이와 같은 능력은 정보의 홍수 속에서 빠르게 변화하며 정해진 답이 없는 21세기 사회에서 가장 합리적이고 적합한 해결책을 찾는 방법이랍니다.

여러분도 이 책을 통해 매일 논리적 사고를 실천하고 이것을 공부, 인생, 사회에서도 활용할 수 있다면 더할 나위 없이 기쁠 거예요.

목차

들어가며 • 4

제1장
누구의 말에 더 귀를 기울이고 싶은지 생각해 보자

1. 누가 더 이해하기 쉽게 말하는지 생각해 보자 • 12
2. 누구의 말을 더 듣고 싶은지 생각해 보자 • 14
3. 누구와 이야기하고 싶은지 생각해 보자 • 16
4. 어떤 대답을 들을 때 짜증이 날까 생각해 보자 • 18
5. 어느 의견에 찬성할지 생각해 보자 • 20
6. 누구에게 찬성할지 생각해 보자 • 22

생각 뿜뿜 200원은 어디로 갔을까? • 24

제2장
'논리적 사고'란 대체 뭘까?

1. '논리적(Logical)'이란, 대체 뭔지 알아보자 • 26
2. '주관적'과 '객관적'의 차이를 이해하자 • 28
3. '감정적'이 아니라 '이성적'으로 생각하자 • 30
4. 논리적 사고의 기본, '삼각 논리'에 대해 알아보자 • 32
5. '삼각 논리'를 이용하여 자신의 의견을 말해 보자 • 34

6 　삼각 논리로 '사실'에 따른 '주장'을 해 보자 • 36

7 　삼각 논리로 '가설'에 따른 '주장'을 해 보자 • 38

8 　사건의 관계를 올바르게 이해하자 • 40

9 　'왜?'라는 의문을 소중히 여기자 • 42

10 　논리적인 사람은 하지 않는 다섯 가지 행동 • 44

생각 뿜뿜 지우개는 얼마일까? • 46

제3장

곤란한 일이 생겼을 때 도움이 되는 논리적 사고

1 　상대방을 설득할 때 도움이 되는 논리적 사고 • 48

2 　문제가 생겼을 때 해결책을 찾아보자 • 50

3 　고민이 있을 때 도움이 되는 논리적 사고 ① • 52

4 　고민이 있을 때 도움이 되는 논리적 사고 ② • 54

5 　논리적 사고를 익히면 학교 성적이 오른다 • 56

생각 뿜뿜 주스를 몇 병 마실 수 있을까? • 58

제4장

생각하는 공식 '프레임워크'

1 　생각하기 위한 공식!? '프레임워크'란 뭘까? • 60

2 　'빠짐없이, 겹치지 않게'는 논리적 사고의 주요 핵심 • 62

3 'WHY 트리'로 문제의 원인을 파악하자 • 64
4 항상 '5W1H'를 의식하자 • 66
5 의사 전달에 도움이 되는 'PREP 기법' • 68
6 아이디어를 떠올릴 때 도움이 되는 'SCAMPER' • 70
7 목표를 정할 때 도움이 되는 'SMART 법칙' • 72
8 'PDCA'를 이용해 목표를 달성해 보자 • 74
9 'HOW 트리'로 해결책을 찾아보자 • 76
10 생각만 하면 안 돼! 행동이 중요해 • 78

생각 뿜뿜 누가 더 빨리 결승점에 도달할까? • 80

제5장
일상생활에서 논리적 사고를 단련해 보자

1 잘 모를 때는 생각만 하지 말고 조사해 보자 • 82
2 자기 자신과 제3자 양쪽의 관점에서 사실을 바라보자 • 84
3 '타우린 2,000mg'은 어느 정도 효과가 있는 걸까? • 86
4 광고에 현혹되지 말자! 의심하지 않으면 손해 본다 • 88
5 '찬성'과 '반대' 의견을 함께 나누면 상대방을 이해할 수 있다 • 90
6 논리적인 사람은 자기 자신의 옳고 그름을 판단한다 • 92

생각 뿜뿜 누가 방귀를 뀌었을까? • 94

제6장

'편견'은 논리적 사고를 방해한다

1 습관적 사고에 대한 이해를 넓히자 • 96
2 '바이어스(Bias)'는 논리적 사고의 적이다 • 98
3 내 마음대로 생각하는 '확증 편향' • 100
4 예측 가능하다고 생각하는 '사후 과잉 확신 편향' • 102
5 '괜찮을 거야'라고 생각하는 '정상화 편향' • 104
6 낙관적으로 생각하고 마는 '계획 오류' • 106
7 우리 편만 드는 '내집단 편향' • 108
8 모두와 같다면 괜찮아!? '동조성 편향' • 110
9 가장 처음 접한 정보의 영향을 받는 '앵커링 효과' • 112

생각 뿜뿜 어느 선이 더 길까? • 114

제7장

논리적 사고를 무기로 삼기 위해 필요한 마음가짐

1 남의 얘기를 듣지 않으면 아무도 내 얘기를 들어 주지 않는다 • 116
2 '좋은 의견'과 '좋아하는 사람'을 구분하자 • 118
3 여러 의견이 있어서 '세상'은 재미있다 • 120
4 토론을 '승부'로 여기는 것은 잘못된 생각이다 • 122
5 바른말을 한다고 해서 사람들이 이야기를 들어주는 것은 아니다 • 124
6 강한 사람에게는 상대방의 입장도 생각할 줄 아는 다정함이 있다 • 126

제 1 장

누구의 말에
더 귀를 기울이고 싶은지
생각해 보자

1 누가 더 이해하기 쉽게 말하는지 생각해 보자

☆ 대단하다고 하는데, 대체 뭐가 대단한 거야?

친구 A와 B는 메이저 리그(MLB)에서 활약 중인 오타니 쇼헤이 선수가 대단하다는 것을 알리고 싶어, 야구를 잘 모르는 여러분에게 설명해 주었어요.

A는 이렇게 말했지요.

"오타니 선수는 미국 MLB에서 투수로도 타자로도 엄청나게 활약하고 있는 선수야. 미국뿐 아니라 전 세계적으로도 굉장히 인기가 많아."

한편, B는 이렇게 말했어요.

"오타니 선수는 MLB에서도 최고 수준인 시속 160km 이상의 공을 던지는 투수인 동시에 최고의 홈런 타자야. 2021년에는 일본인 최고 기록인 마쓰이 히데키 선수의 연간 홈런 수 31개를 시즌 전반부에 넘어섰어! MLB에서 타자와 투수로 동시에 활약하는 건 어렵다는 상식을 뒤엎은 거지."

A나 B의 이야기 모두 오타니 선수가 대단하다는 것을 대강 알 수 있어요. 하지만 누구의 말이 더 이해하기 쉬울까요? 또 두 사람의 이야기에는 어떤 차이가 있을까요? 그 차이점에 대해 생각해 보아요.

누가 더 이해하기 쉽게 말하고 있을까?

오타니 선수는 대단한 타자야! 투수로서도 훌륭하지! 미국에서도 인기가 엄청나!

A의 이야기

누구의 이야기가 더 이해하기 쉬울까?

시속 160km의 공을 던지는 투수인 동시에, MLB에서 일본인 최다 홈런 수를 기록한 타자야!

B의 이야기

야구에 대해 잘 알고 있는 A가 대단하다고 계속 칭찬하고 있는 걸 보면, 오타니 선수가 정말로 대단하다는 건 대충 알겠어!

B는 대단하다고 말하진 않았지만, 오타니 선수의 어떤 점이 어떻게 대단한지 잘 알 수 있단 말이지……

A는 '대단해'라고 말하고 있지만, 어떤 점이 어떻게 대단하다는 건지 모호하지요. 반면에 B는 '대단해'라고 말하지는 않지만, 어떤 점이 대단한지 수치를 이용해 설명하고 있어요.

생각해 보자
- 누가 더 오타니 선수의 대단함을 이해하기 쉽게 얘기하고 있을까?
- 누군가가 "대단해!"라고 말한다면 어떤 생각이 들까? 무엇이 어떻게 대단한지 궁금해지지지 않을까?

2 누구의 말을 더 듣고 싶은지 생각해 보자

☆ 같은 내용이라도 말투에 따라 다르게 느껴진다

양말을 아무데나 벗어 놓으면 엄마에게 매일같이 혼이 나겠지요? 양말을 벗으면 세탁 바구니에 넣어야 한다는 사실을 알지만, 자꾸 깜빡하고 말아요.

이때 엄마로부터 "대체 몇 번을 말했는데 양말이 또 여기저기 굴러다니니! 너 우리말 못 알아들어?"라고 혼나면 어떤 기분이 들까요? 반면, "늘 얘기하는데도 왜 실천이 잘 안 될까? 엄마가 말하는 방식이 잘못됐었나 봐. 어떻게 하면 좋을지 같이 생각해 볼까?"라며 감정적이지 않고 부드럽게 말하면 어떤 기분이 들까요?

양쪽 모두 엄마가 하고자 하는 말은 '양말을 벗은 뒤에는 빨래 바구니에 바로 넣었으면 좋겠다'라는 것이랍니다. 여러분이라면 어느 쪽의 이야기를 듣고 따르고 싶을까요? 아마 감정적이지 않고 부드럽게 말할 때 '엄마 말씀을 들어야겠다'는 생각이 들겠지요.

신기하게도 같은 말을 하더라도 말투에 따라 상대방이 다르게 받아들일 수 있어요. 그렇다면 위의 두 가지 말투에는 어떤 차이가 있을까요? 그 차이점에 대해 생각해 보아요.

어느 쪽 엄마의 이야기를 듣고 싶을까?

> 대체 몇 번을 얘기했는데도 왜 또 양말이 굴러다녀! 너 우리말 못 알아들어?

> 엄마가 말하는 방식이 잘못됐었나 봐. 어떻게 하면 좋을지 같이 생각해 볼까?

누구의 말을 더 듣고 싶을까?

화가 난 엄마

감정적이지 않은 엄마

> 물론 양말을 아무데나 벗어 놓은 건 잘못한 거지만, 저렇게 화내니까 나도 왠지 짜증이 난단 말이야.

> 100% 내 잘못이야. 엄마는 잘못한 게 없는걸…… 이제부터 양말을 벗으면 곧바로 빨래 바구니에 넣도록 신경 써야겠어.

어느 쪽 엄마의 이야기를 듣고 싶은가요? 여러분은 다른 사람이 어떤 행동을 해 주었으면 하고 바랄 때, 상대방이 듣기 좋은 말투로 이야기하고 있나요?

생각해 보자
- 항상 야단만 맞으면 어떤 기분이 들까?
- 같은 말인데도 말하는 사람에 따라서 다른 느낌이 들었던 적이 있을까?

3 누구와 이야기하고 싶은지 생각해 보자

☆ 이야기하고 싶지 않은 데에는 이유가 있다

나는 친구 A, B와 7인조 아이돌 그룹 BTS에 대해 이야기하고 있어요. 나는 BTS가 멋있다고 생각하는데, A와 B는 그렇지 않은 모양이에요.

나　"나, BTS가 너무 좋아!"

A　"BTS가 뭐가 멋있어. 난 싫어!"

B　"나도 그렇게 좋아하진 않는데 춤도 잘 추고 노래도 잘 부르더라."

내가 A에게 "BTS가 노래 부르는 거 본 적 있어?"라고 묻자, "본 적 없어."라고 대답하기에 "한 번 봐봐."라고 말했어요. 그러자 A는 "안 봐도 뻔해. 강 다니엘이 훨씬 멋있을 테니까!"라며 한 치도 양보하지 않는 거예요.

한편, B는 "BTS는 노래도 잘 부르고 춤도 잘 추지. 근데 내 취향은 아니야. 나는 강 다니엘이 더 좋더라."라고 말했어요. 그러면서 A와 B는 강 다니엘 얼마나 멋있고 매력적인지에 대해 이야기하기 시작했어요.

여러분이라면 A와 B 중에서 누구와 더 이야기를 나누고 싶은가요? A와 B 둘 다 BTS보다 강 다니엘을 더 좋아하지만, 아마 A와는 더 이상 이야기하고 싶지 않을 거예요. 왜 그런 생각이 드는지 이유를 생각해 보아요.

누구와 이야기하고 싶을까?

당연히 강 다니엘이 더 멋있지! BTS는 분명 강 다니엘보다 별로일 거야. 안 봐도 뻔해!

노래랑 춤은 강 다니엘보다 더 멋있지만, 나는 BTS의 다른 멤버보다 강 다니엘의 팬이거든.

A

누구와 더 이야기하고 싶을까?

B

왜 보지도 않고 그렇게 말하는 걸까…… 게다가 말투도 너무 기분 나빠.

BTS가 멋지다는 건 알지만 사람마다 취향은 다르니까. 내가 잘 모르는 강 다니엘에 대해서도 한번 들어 볼까?

A는 "본 적도 없다"면서 어떻게 "강 다니엘이 더 멋있어"라고 말할 수 있는 걸까요? 설득력이 떨어지는군요.

생각해 보자
- 주변에 '이야기하고 싶지 않다'는 생각이 드는 사람이 있을까? 왜 그 사람과 이야기하고 싶지 않은지 생각해 보자.
- 나는 다른 사람과 이야기할 때 상대방이 하는 말을 잘 듣고 있을까?

4 어떤 대답을 들을 때 짜증이 날까 생각해 보자

☆ **질문에 바로 대답하지 않으면 짜증이 난다**

친한 친구들과 함께 놀이공원에 놀러 가자는 이야기를 하는 중이에요. 나는 바로 "갈래."라고 대답했지만, 친구 A와 B는 고민이 되는 모양이에요. 그래서 나는 A와 B에게 "너희는 어떻게 하고 싶어?"라고 물었어요. 그러자 A는 이렇게 대답했어요.

"놀이공원에 가고 싶은데 부모님이 허락해 주실지 모르겠어. 오늘 집에 가서 부모님께 여쭤보고 내일 말해 줄게."

한편, B는 이렇게 말했어요.

"나 거기 가 봤어. 관람차가 엄청 크고 경치도 좋아서 추천할 만하긴 해. 근데 롤러코스터는 줄을 엄청 길게 서야 해. 그리고 조금 멀어서 우리끼리 가도 좋을지 모르겠어. 음…… 고민되네. 그렇지만 놀이공원은 재밌으니까 가고 싶기도 한데……."

A와 B의 대답을 듣고 나니 어떤 생각이 드나요?

A는 '가고 싶다'는 자신의 생각을 가장 먼저 말했지만, B는 가 본 적이 있다는 이야기부터 했어요. 그리고 B는 "어떻게 하고 싶어?"라는 물음에 좀처럼 대답하지 못하고 "가고 싶기도 한데……"라는 애매한 대답을 했지요. 여러분은 어느 쪽 대답이 더 짜증 나나요? 왜 그렇게 느끼는지 생각해 보아요.

누구 이야기가 짜증 날까?

놀이공원에 가고 싶어. 그렇지만 오늘 집에 가서 부모님께 여쭤봐야 하니까 내일까지 기다려 줘!

거기 가 본 적 있어. 그런데 갈지 말지 고민되네. 가고 싶기도 한데……

← 누구 이야기가 짜증 날까? →

A   B

그래. 부모님께 허락부터 받아야지. 그러고 보니 나도 부모님께 우선 허락을 받아야겠다.

'가 본 적 있는지'는 물어본 적 없는데. 그리고 B는 왜 갈 건지 아닌지를 확실히 말하지 않는 거지?

A는 질문에 대해 바로 대답을 했고, B는 다른 말을 하고 있군요. 여러분은 어떻게 대답하는 쪽인가요?

생각해 보자
- B의 대답에 짜증이 느껴지는가? 그 이유는 무엇인가?
- 나는 다른 사람이 의견을 물어볼 때 바로 대답하는 편일까? 아니면 하고 싶은 말부터 한 다음, 마지막에 결론을 이야기할까?

5 어느 의견에 찬성할지 생각해 보자

☆ 이유를 생각하며 찬성, 반대를 정해 보자!

친구 A, B와 함께 옆 동네 수영장에 가기로 했어요. 그래서 어떻게 갈지 셋이서 함께 이야기하게 되었지요.

내가 "어떻게 가지?"라고 묻자, 두 친구는 각각 이렇게 대답했어요.

A   "지하철보단 버스가 낫지."

B   "나는 버스보다 지하철이 더 좋을 것 같아."

그래서 두 사람에게 이유를 물었어요.

A   "나는 버스가 좋아. 그러니까 버스로 가고 싶어!"

B   "나도 버스가 좋긴 한데, 지하철을 타면 1,200원에 갈 수 있고, 몇 분마다 한 대씩 오잖아. 그런데 버스는 2,100원이나 내야 하고, 한 시간에 2, 3대밖에 안 오니까 불편해."

A   "돈은 900원밖에 차이 안 나니까 그냥 버스 타고 가자."

B   "900원이면 아이스크림도 살 수 있어. 1,200원이면 갈 수 있는데 2,100원이나 들일 필요가 있을까?"

나는 수영장에서 더 오래 놀고 싶을 뿐, 버스와 지하철 둘 다 상관없어요. 여러분은 어느 쪽 이야기에 찬성하나요? 또 그 이유는 무엇인지 생각해 보아요.

누구의 의견에 찬성할까?

나는 지하철보다 버스가 좋으니까 버스 타자! 버스! 부탁이야!

A

지하철 요금이 더 싸고, 또 더 자주 오니까 편해. 그럼 수영장에서 더 오래 놀 수도 있을 거야. 남는 교통비만큼 아이스크림도 사 먹을 수 있어.

B

누구 이야기에 찬성할까?

A가 버스를 좋아한다는 건 알겠는데, 그것 때문에 더 비싼 교통비를 들여야 하고, 노는 시간까지 짧아지는 건 좀 그래……

B도 버스를 좋아하지만, 돈도 덜 들고 시간도 유용하게 쓸 수 있으니까 지하철을 타자는 거구나……

만약 버스를 싫어하는 사람이 있다면 A와 말싸움을 하게 될 수도 있겠네요. B의 의견은 구체적인 이유가 있어서 모두 이해할 수 있을 거예요.

생각해 보자
- A와 B 둘 중 누구의 의견에 찬성할까?
- 왜 찬성하는지, 왜 찬성하지 않는지에 대한 이유를 각각 생각해 보자.

6 누구에게 찬성할지 생각해 보자

☆ 얼마나 친한가에 따라 의견을 바꾼다면?

학급 회의에서 '반에서 어떤 결정을 할 때 무조건 다수결로 정해도 되는가?'에 대한 의제로 토론을 했어요.

A는 "국회에서도 다수결에 의한 결정 방식을 따르고 있으니까 어떤 결정을 내릴 때는 무조건 다수결로 정하는 것이 좋다고 생각합니다. 또한 다수결에 따르면 금방 결정을 내릴 수 있기 때문에 시간을 아낄 수도 있어요."라고 말했어요. 한편, B는 "저는 무조건 다수결로 정하는 것에 반대합니다. 소수의 의견도 들어 봐야 한다고 생각해요. 그 의견을 듣고 생각이 바뀌는 사람이 생길지도 모르니까요. 모든 사람의 의견을 들은 후 다수결로 결정하는 것이 더 바람직하다고 생각합니다."라고 말했어요.

나는 '개인적으로는 B의 의견에 찬성하지만, A랑 더 친하단 말이야. B랑은 솔직히 별로 친하지 않아서 A의 의견에 찬성하는 편이 좋겠어.'라고 생각했어요. 그러면서도 한편으로는 'A랑 친하다는 이유로 나와는 다른 생각의 의견에 찬성해도 되는 걸까?'라는 생각도 들었지요. 여러분은 나와 친하지만 다른 생각을 가진 A와, 친하진 않지만 나와 같은 생각을 가진 B 둘 중 누구의 의견에 찬성하나요? 또 그 이유는 무엇인가요?

누구에게 찬성할까?

국회에서도 다수결로 정하고, 금방 결정이 나니까 시간도 절약돼서 좋아.

소수의 의견도 들어야 해. 그 의견을 듣고 생각이 바뀌는 사람도 있을 테니까. 그러고 나서 다수결로 정해도 늦지 않아.

A

누구와 더 이야기하고 싶을까?

B

솔직히 A 의견에 찬성하는 건 아니지만, A랑은 이야기도 자주 하고 친해서 A 편을 들어 주고 싶네.

B랑 같은 의견이긴 한데, B랑은 별로 얘기해 본 적도 없고 솔직히 좋아하는 애는 아니란 말이지.

찬성할지 반대할지 고민될 때, 내 의견과 다른 선택을 하면 어떻게 될지에 대해서도 생각해 보세요!

생각해 보자
- 나와는 다른 의견을 말했지만 친한 친구라서 찬성했던 적이 있을까?
- 싫어하는 사람의 의견이라도 나와 생각이 같다면 찬성해야 할까?

생각 뿜뿜

200원은 어디로 갔을까?

나는 두 친구와 함께 셋이서 슈퍼마켓에 갔어요. 셋은 모두 똑같은 800원짜리 과자를 사기로 했지요. 그러자 주인 아주머니가 "다 같이 샀으니까 2,000원만 받을게. 자, 여기 400원."이라고 말했어요.

그런데 400원은 셋이서 똑같이 나눠 가질 수 없어요. 그래서 아주머니는 "참, 싸우면 안 되니까 딱 나누어떨어지도록 100원씩 돌려줄게."라고 말하며 100원을 손에 쥔 채 300원을 건네주었어요. 친구들과 나는 함께 300원을 돌려받고 기뻐서 "100원에 해 주셨다. 신난다!"라며 좋아했지요.

그런데 아주머니는 이런 생각이 들었어요.

'어라, 결국 아이들한테 받은 돈은 총 2,100원이고, 여기에 내가 가지고 있는 100원을 합하면 2,200원이네. 이상하네? 원래는 2,400원이었는데 왜 2,200원밖에 없지? 200원은 대체 어디로 간 거야?'

자, 그럼 200원은 어디로 갔을까요?

결론부터 이야기하면 '200원은 없어지지 않았다' 입니다.

그럼 왜 아주머니는 200원이 없어졌다고 생각했을까요? 그 이유를 생각해 보아요.

제2장

'논리적 사고'란 대체 뭘까?

'논리적(Logical)'이란, 대체 뭔지 알아보자

☆ 논리적이 아니면 아무도 내 이야기를 들어주지 않는다

'논리(사고할 때의 이치)'는 영어로 로직(Logic)이라고 해요. 논리적(로지컬)은 '합리적인, 말이 되는, 이치에 맞는'과 같은 의미의 형용사예요. 반대말로는 '지리멸렬, 엉망진창, 불합리한'과 같은 말이 있어요. 로지컬한 사람은 '논리적이고 이치에 맞는 말을 하거나 생각하는 사람'을 뜻해요. 그 반대는 '지리멸렬하고 말도 안 되는 이야기를 하거나 생각하는 사람'이지요.

만약 선생님이 여러분에게 "시력이 안 좋으니까 칠판이 잘 보이도록 최대한 앞에 앉으렴." 하고 말한다면 "네, 알겠습니다." 하고 대답하겠지요. 시력이 좋지 않은 사람은 뒤에 앉으면 칠판의 글씨가 잘 안 보일 테니 앞에 앉을 필요가 있어요. ― 이것이 바로 논리적 사고랍니다. 그런데 선생님이 "넌 시력이 안 좋으니까 운동장 열 바퀴 돌고 와!"라고 말한다면, "네, 알겠습니다." 하고 대답할 수 없을 거예요. 그래야 하는 이유도 알 수 없을 뿐더러, 논리적이지도 않기 때문이지요.

어떤 선생님이 더 신뢰할 수 있는 선생님인지는 말하지 않아도 알겠지요? 지리멸렬한 이야기를 하는 사람은 아무도 상대해 주지 않기 때문에 논리적인 사고를 통해 논리적으로 말하는 것은 정말로 중요하답니다.

'논리/로직'과 '논리적/로지컬' 이해하기!

로직 [logic]

【품사】명사

【의미】논리. 조리. 논의, 사고, 추리 등을 이끌어 가는 이치

【예문】네 말엔 논리의 비약이 있어.

 로직은 '논리'라는 의미예요. 간단히 말하면 상대방이 이해할 수 있는 사고를 하거나 설명을 하는 것을 뜻해요.

로지컬 [logical]

【품사】형용사

【의미】논리적인. 이치에 맞게 생각하는 것

【예문】잘 모르겠으니 논리적으로 설명해 주세요.

【반대말】비논리적. 불합리한. 비합리적. 부조리한

당연한 것이지만 '1+1=2', 이것이 논리적인 답이에요. 만약 '1+1=5'라고 답한다면 '논리적/로지컬'하지 않은 답이 되겠지요.

 생각해 보자
- 말도 안 되는 이야기를 하는 사람과 대화하고 싶을까?
- 논리적인 사람과 그렇지 않은 사람 중 어떤 사람이 되고 싶은지 생각해 보자.

2 '주관적'과 '객관적'의 차이를 이해하자

☆ 주관은 '자신', 객관은 '나 자신에서 멀어지는 것'

'BTS는 멋있어'라는 생각은 주관적인 의견이에요. 주관이란, 자신의 개인적인 생각과 판단, 평가를 말해요. 자기 스스로가 받아들이고 이해할 수 있는 의견이라고 해도 되겠지요. 그런데 만약 친구 A가 "BTS는 하나도 안 멋있어."라고 말한다면, 그건 A의 개인적인 생각이니 이것도 A의 주관적인 의견이에요.

'주관'의 반대말은 '객관'이에요. 특정 입장이 아니라 제3자의 관점에 의한 생각, 판단, 평가를 말해요. 바꿔 말하면 사실에 따른 의견이라고 할 수 있지요. 예를 들어 "BTS는 인기가 있어."라는 말은 객관적인 의견이에요.
왜냐하면 콘서트 티켓이 금방 매진되기도 하고, 음악 차트에서 1위를 기록하는 등의 객관적인 사실이 있으니까요. 여기에서 BTS를 좋아하는지 그렇지 않은지는 상관없어요. 누가 봐도 부정할 수 없는 객관적인 사실에 따른 평가니까요.

'주관적'과 '객관적' 가운데 옳고 그른 것은 없어요. 중요한 것은 두 차이를 이해하는 것이지요. 그리고 '나만의 주관적 관점'과 '나와는 다른 객관적 관점' 양쪽 모두를 바탕으로 생각하는 것도 중요해요.

BTS를 주관적·객관적으로 바라보자!

《주관적 관점》
BTS는 멋있어!
나

《주관적 관점》
BTS는 하나도 안 멋있어!
A

《객관적 관점》
BTS는 인기가 있어.

Silvia Elizabeth Pangaro / Shutterstock.com

2013년에 데뷔한 7인조 남성 아이돌 BTS(방탄소년단)는 우리나라의 인기 아이돌로, 아시아를 비롯한 전 세계에서 인기를 끌고 있다.

이와 같은 많은 사실을 통해 BTS가 인기 있다는 것은 누구나 알 수 있을 거예요.

《객관적 사실》
- 콘서트 티켓이 바로 매진된다
- 음악 차트 1위
- 여러 광고에 출연
- 팬이 매우 많다
등등

나는 BTS가 그렇게 멋있다고 생각하진 않지만, 객관적으로 '인기가 있다'고 생각해요. 주관과 객관은 별개니까요.

생각해 보자
- 유튜버 '헤이지니'에 대해서 어떻게 생각해? 주관적인 의견과 객관적인 의견을 생각해 보자.
- 자기 자신을 객관적으로 바라보려고 해 본 적이 있을까?

3 '감정적'이 아니라 '이성적'으로 생각하자

☆ 지나치게 감정적이 되면 후회만 늘어난다!?

너무 화가 난 나머지 순간적으로 감정을 쏟아 냈던 경험이 있나요? 예를 들어 부모님께 수차례 "게임 그만해."라는 말을 듣고 너무 화가 난 나머지 게임기를 던져 망가뜨렸다고 가정해 봐요. 그 당시에는 속이 후련할지도 모르지만, 시간이 지난 뒤 '내가 왜 그랬을까……' 하고 후회하게 될지도 몰라요. 지나치게 감정적이 되면 내 행동이 나중에 어떤 결과를 가져올지에 대해 생각하지 않게 되지요.

인간이라면 누구나 당연히 화를 내기도 하며 살아가요. 물론 화를 내는 일 자체가 나쁜 건 아니에요. 감정을 느끼고 표현하는 건 아주 당연한 일이거든요. 하지만 무언가를 생각할 때는 너무 감정적이 되어서는 안 돼요. 무엇이 중요한지를 먼저 생각하고, 그다음 행동할 때는 '이성적'이 되려고 노력해야 하지요. '이성적'이란 '감정에 따라 행동하지 않고 신중히 생각한 뒤 행동하는 것'을 뜻해요. 즉, '게임기를 망가뜨리면 나중에 쓸 수 없게 되니 던지면 안 돼.' 하고 냉정하게 생각하는 것이랍니다. 화날 때뿐만 아니라 슬플 때, 기쁠 때도 냉정함을 잃으면 논리적으로 생각하지 못해 제대로 된 판단을 내릴 수 없어요. 사실 어른이 되어도 이성적으로 생각하고 행동하는 건 쉬운 일이 아니에요. 따라서 어렸을 때부터 '되도록 이성적으로 생각하자'라고 의식하는 것이 중요하답니다.

'감정적'과 '이성적'의 차이를 이해하자

▶감정적
이성을 잃고 감정에 치우치는 것. 흥분 상태

▶이성적
본능과 감정에 흔들리지 않고 냉정하게 이성의 판단을 따르는 것

▶이성
논리적으로 생각하는 것. 논리에 따라 판단하거나 행동하는 것

이성을 잃으면 평소에는 절대 하지 않는 일을 저지르기도 해. 하지만 '이성적'이 되기란 말처럼 쉽지 않지.

이성을 잃고 행동했을 때 손해를 보는 건 결국 나 자신이에요. 물론 늘 이성적으로 행동하는 건 어려운 일이지만, 노력하기만 해도 한 걸음 나아간 거예요.

생각해 보자
- 지나치게 감정적이 되어서 실수해 본 경험이 있을까?
- 이성적으로 행동하기 위해 어떻게 하면 좋을지 생각해 보자.

★ 31

논리적 사고의 기본, '삼각 논리'를 알아보자

☆ 삼각형 이미지를 기억해 두자!

논리적으로 생각하려고 해도 갑자기 뭘 어떻게 해야 할지 막막하지요. 그럴 때는 논리적으로 생각하는 방법인 '삼각 논리'를 알아 두면 편리해요. 삼각 논리는 아래의 세 가지 요소로 구성되어 있어요.

① 주장(제안)……내가 말하고 싶은 것
② 데이터(사실, 수치)……객관적인 데이터나 전문가의 의견 등
③ 논거(이유)……주장을 뒷받침하는 데이터와 이유

매달 받는 용돈을 더 받고 싶을 때, "용돈 더 주세요!"는 '주장'에 해당해요. 하지만 부모님은 그렇게 간단히 용돈을 올려 주시지 않을 거예요. 이때 같은 반 친구들이 매달 받는 용돈의 평균 금액을 조사해서 자신이 평균보다도 적게 받고 있다는 '데이터'를 제시해 보세요. 거기에다가 '만화책을 사서 읽지 못해서 친구들과의 대화에 낄 수가 없어', '갖고 싶은 문구 용품을 못 사서 공부할 의욕이 생기지 않아'와 같이 부모님으로 하여금 '용돈을 올려 줘야 하나?'라는 생각을 하게 만드는 논거(이유)를 생각해 보는 거예요. 논리적 생각에는 '주장'만이 아닌 이를 뒷받침할 수 있는 '데이터'와 '논거'를 함께 가지는 것이 무척 중요하거든요. 자세한 내용은 34페이지에서 설명하겠지만, 우선 오른쪽 페이지의 삼각형을 잘 기억해 두도록 해요.

삼각 논리 이미지

아직 의미는 잘 모르지만, 용돈을 더 받는 데 도움이 될 수도 있으니 잘 기억해 둬야지.

주장
- 말하고자 하는 것(주장, 제안)
- 어떤 사실로부터 미루어 짐작하게 하는 것(추론)
- '아마 그렇지 않을까' 하고 생각하는 것(가설)

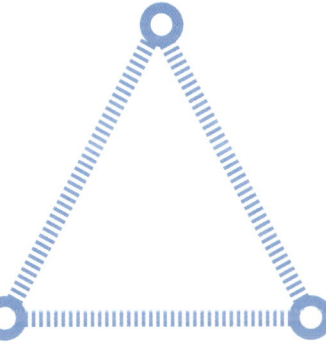

데이터
- 사실 • 근거

논거
- 이유

자세한 내용은 다음에 다시 설명할 테지만, 삼각 논리는 논리적 사고의 기본이므로 이 그림을 꼭 기억해 두세요.

생각해 보자
- 다른 사람과 이야기할 때나 무언가를 부탁할 때 내 '주장'만 말하고 있진 않을까?
- '데이터', '논거'가 없는 이야기를 들으면 어떤 느낌이 들까?

'삼각 논리'를 이용하여 자신의 의견을 말해 보자

☆ 의견을 말할 때는 근거를 제시하면서 이유를 대자!

자신의 의견을 말할 때는 '삼각 논리'를 의식하기만 해도 논리적으로 이야기할 수 있어요. 오른쪽 라면 가게 사진을 보고, A는 "이 가게에서 파는 라면은 분명 맛있을 거야."라고 말했어요. 그러자 B는 "가게 분위기를 보니 왠지 그렇게 맛있을 것 같은 느낌은 아냐. 게다가 A는 저 라면 가게에 가 본 적도 없잖아. 어째서 '분명 맛있을 거야.'라고 말할 수 있지?"라고 반론했어요. A는 자신의 의견(주장)을 말했지만, 그것만으로는 다른 사람을 설득하거나 동의를 얻을 수 없었어요.

바로 이럴 때 삼각 논리가 힘을 발휘한답니다. 우선 자신의 의견을 말한 뒤 '라면 가게 앞에 열 명 이상의 사람이 줄을 서고 있다'는 근거(데이터)를 제시하고, '줄을 서서라도 먹고 싶어 하는 사람들이 있다는 건 맛있기 때문이다'라는 이유(논거)를 대는 거예요. 이 두 가지의 유무에 따라 상대방의 반응은 크게 달라질 거랍니다.

이처럼 의견을 말할 때는 삼각 논리를 떠올려서 사실과 구체적인 수치를 이용한 데이터 등으로 '근거'를 제시하고, 설득력 있는 '이유'를 들도록 의식해 보아요.

'근거'와 '이유'가 없으면 설득력이 없다

이 라면 가게의 사진을 보고 어떤 생각을 했나요?

① 주장

이 라면 가게에서 파는 라면은 분명 맛있을 거야.

② 데이터
- 가게 앞에 열 명 이상의 사람이 줄을 서 있다.

③ 논거
- 줄을 서서라도 먹고 싶어 하는 사람들이 있다는 건 맛있기 때문이다.

가게 분위기는 좀 별로지만, 그 이야기를 듣고 보니 맛있는 집일 것 같아.

생각해 보자
- '의견'을 말할 때 '근거'와 '이유'를 잘 생각해서 이야기하고 있을까?

6 삼각 논리로 '사실'에 따른 '주장'을 해 보자

☆ 용돈 올리기 대작전에 활용해 보자!

같은 반 친구 30명에게 매달 받는 용돈 금액을 조사해 보아요, 나는 6,000원을 받고 있지만, 30명의 월 평균 금액은 10,800원이었어요. 이를 통해 나는 평균보다 적은 용돈을 받고 있다는 사실을 알았어요. 이것이 바로 '데이터(사실)'예요. 그래서 나와 비슷하게 용돈을 적게 받는 몇몇 친구들로부터 어떤 기분인지 들어 보기로 했어요. 나만의 주관적 의견이 아닌, 같은 상황에 있는 친구들의 의견을 모으는 편이 더 설득력이 있을 테니까요. 그러자 "다른 친구들이 다 가지고 있는 걸 나만 못 사서 슬퍼." "같은 걸 갖고 있지 않으면 같이 놀아 주지 않아." 등과 같은 의견이 나왔어요. 이런 일반적인 경향은 삼각 논리의 '논거(이유)'에 해당해요. 이와 같은 '논거(이유)'를 토대로 부모님에게 "용돈을 적어도 평균치까지는 올려 주세요."라고 말해 보세요.

- '나는 용돈을 적게 받는다'……데이터(사실)
- '용돈이 적어서 괴로운 경험을 해 본 친구들이 있다'……논거
- '용돈을 적어도 평균치까지는 올려야 한다'……주장

이렇게 여러 사실이나 데이터에 더하여 일반적인 경향을 파악한 뒤 '데이터→논거→주장'의 흐름대로 이야기하면 "용돈 올려 줘!" 하고 무턱대고 조르는 것보다 부모님을 설득할 가능성이 커져요.

삼각 논리로 '용돈 올리기 작전' 살펴보기

왜 용돈을 올려 줘야 하는지 잘 설명하고 있어서 논리적이라는 생각이 들어. 나도 참고해 봐야겠다.

① 주장
《제안》
- 용돈을 적어도 평균치까지는 올려야 한다.

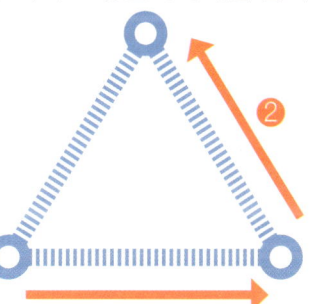

② 데이터
《개인적 사건》
- 내 용돈이 같은 반 친구들 평균 금액보다 적다.

③ 논거
《일반적 경향》
- 용돈이 적어서 괴로운 경험을 한 친구들이 있다.

지금까지는 무작정 "용돈 올려 줘!"라고 조르기만 했는데, 이렇게 삼각 논리로 생각해 보니 부모님을 설득할 수 있을 것 같아!

이와 같이 '데이터 → 논거 → 주장'의 순서대로 주장하는 방법을 '귀납법'이라고 해요.

생각해 보자
- 부모님에게 무언가를 부탁할 때 주장만 했던 적이 있을까?
- 데이터와 논거를 제시하면 어떤 인상을 줄 수 있을까?

7 삼각 논리로 '가설'에 따른 '주장'을 해 보자

☆ '그럼 이렇게 되지 않을까?' 하고 논리적으로 생각하자!

이렇게 사회의 흐름이나 경향에서 일정 법칙을 이끌어 내어 주장과 제안을 하는 방법에 대해 살펴보았어요. 그런데 삼각 논리에는 36페이지의 방법과는 정반대인 '논거→데이터→주장'의 순서대로 주장하는 방법도 있답니다.

예를 들어 '학원에 다니는 학생은 시험 점수가 높다'는 경향이 있고 '학원에 다니는 학생은 그렇지 않은 학생보다 학습 시간이 길다'는 데이터가 있다면, '나도 학원에 다니면 학습 시간이 길어져서 시험 점수가 오르지 않을까?'라고 생각할 수 있어요. 이처럼 '~하면 그렇게 되지 않을까?' 하고 가설을 세워 생각하는 '가설 사고'는 논리적 사고에서 매우 중요한 요소예요.

'일반적으로 학원에 다니는 학생의 시험 점수가 높다'……① 논거
'학원에 다니는 학생은 그렇지 않은 학생보다 학습 시간이 길다'……② 데이터
'학원에 다니면 학습 시간이 길어져서 시험 점수가 오를 것이다'……③ 주장

이처럼 '논거(일반적인 경향과 사실)'에서 일정한 법칙을 도출한 후, '데이터'를 제시하고 이것을 '주장'으로 연결하는 방법도 있어요.

'그럼 이렇게 되지 않을까?' 가설 세워 보기

학원에 안 다녀서 시험 점수가 낮은 거라고 변명해 볼 수 있을지도……

① 주장
《결론》
- 학원에 다니면 학습 시간이 길어져 시험 점수가 오를 것이다.

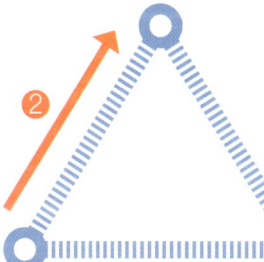

② 데이터
《개인적 사건》
- 학원에 다니는 학생은 그렇지 않은 학생보다 학습 시간이 길다.

③ 논거
《일반적 경향》
- 학원에 다니는 학생은 시험 점수가 높다.

나는 학원에 다니고 싶으니까 이렇게 설명해서 부모님을 설득해 봐야지.

하지만 시험 점수가 낮은 학생이 삼각 논리를 핑곗거리로 삼아 버리면 오히려 학원을 다녀야 할 수도 있답니다. 참고로, '논거→데이터→주장'의 순서대로 주장하는 방법을 '연역법'이라고 해요.

생각해 보자
- '그럼 이렇게 되지 않을까?' 하고 생각했을 때, 지금까지는 어떻게 했는지 떠올려 보자.

사건의 관계를 올바르게 이해하자

☆ '인과관계'와 '상관관계'는 뭐가 다를까?

반에서 '독서량'과 '국어 시험 점수'의 관계를 조사한 결과, 독서량이 많을수록 국어 시험 점수가 높다는 것을 알게 되었어요. 실제로 '독서량'과 '국어 시험 점수'는 관계가 있는 모양이네요. 이처럼 서로 연관된 두 가지 가운데 한쪽이 변화했을 때 다른 한쪽도 같이 변화하는 관계를 '상관관계'라고 해요.

한편, '독서량이 많다'는 '국어 시험 점수가 높다'는 결과의 원인이라고 볼 수 있어요. 이렇게 한쪽이 원인, 다른 한쪽이 결과인 관계를 '인과관계'라고 한답니다. '~니까(~이므로, ~해서) ~가 된다'와 같이 이야기할 수 있다면 인과관계가 성립되는 것이지요. 그런데 이와 반대로 '국어 시험 점수가 높다'가 원인, '독서량이 많다'가 결과가 될 수 있을까요? '국어 시험 점수가 높으니까 독서량이 많다'고는 이야기할 수 없으므로 이 경우는 인과관계가 성립된다고 할 수 없겠지요. 즉, 상관관계가 반드시 인과관계로 이어진다고는 볼 수 없답니다.

인과관계를 올바르게 파악하면 '국어 시험 점수를 올리기 위해서 독서량을 늘려야겠어.'라고 생각할 수 있겠지요. 하지만 인과관계를 똑바로 이해하지 못하고 '독서량을 늘리기 위해서 국어 시험 점수를 올려야지.'라고 생각한다면 어떻게 될까요? 전혀 의미가 통하지 않는 이상한 말이 되어 버리겠지요.

'상관관계'와 '인과관계' 이해하기

상관관계

Ⓐ A 독서량이 많은 학생은

↕ Ⓐ와 Ⓑ는 서로 관계가 있는 것 같아!

Ⓑ 국어 시험 점수가 높다

인과관계

○ Ⓐ 독서량이 많아서
→ Ⓑ 국어 시험 점수가 높다

✕ Ⓑ 국어 시험 점수가 높아서
→ Ⓐ 독서량이 많다

인과관계는 글자 그대로 원'인'이 있어서 결'과'가 일어난 관계를 뜻해요.

↑ 위에서 알 수 있듯, '상관관계'가 있는 것 중에서 원인과 결과의 관계가 성립되는 것이 '인과관계'예요. 즉, '인과관계'가 있으면 '상관관계'도 있다는 뜻이에요. 하지만 '상관관계'가 있다고 해서 반드시 '인과관계'가 성립되는 것은 아니랍니다.

두 가지 요소에 상관관계가 있어도 '~니까 ~가 된다'고 말할 수 있는 경우에만 '인과관계가 있다'고 말할 수 있어요!

생각해 보자

- 상관관계와 인과관계의 차이를 알고 있었을까?
- 지금까지 상관관계와 인과관계에 대해 생각해 본 적이 있을까?

'왜?'라는 의문을 소중히 여기자

☆ '왜?'는 생각의 시작이다

"난로에 손대면 안 돼."라는 말을 들었을 때나, 흙을 입으로 가져가면 "먹으면 안 돼."라는 말을 들었을 때 "왜?"라고 물어보듯, 여러분도 어렸을 때는 "왜?"라는 질문을 자주 했을 거예요. 그런데 자라면서 점점 "왜?"라고 질문하는 횟수가 줄어들어요. 난로를 만졌다가는 화상을 입을 수도 있고, 흙을 먹으면 안 된다는 걸 알게 되었으니까요.

하지만 세상에는 아무리 생각해 보아도 이해할 수 없는 일들이 참 많답니다. 감자의 품종 중 하나인 '수미감자'는 도대체 왜 '수미감자'인 걸까요?
더운 여름에도 긴 팔, 긴 바지의 정장을 입고 넥타이까지 매고 있는 남성들은 왜 그렇게 답답한 차림을 하는 걸까요?

우리 주변에는 '왜?'라고 생각할 만한 일들이 아주 많아요. 그런데 언제부턴가 이런 일들이 익숙해지면서 '왜?'라는 생각을 거의 하지 않게 되었지요.
'왜?'라는 의문을 가지면 답을 찾기 위해 조사하거나 생각하게 돼요. 그래서 '왜?'라고 생각하는 일은 논리적 사고의 출발점이 되는 아주 중요한 일이랍니다.

잘 생각해 보면 세상은 의문투성이

그러고 보니 왜 이 감자를 '수미감자'라고 부르는 거지? 수미가 뭔데?

하늘은 파랗지. 그런데 왜 파란 걸까? 뭐가 파래서 그렇게 보이는 걸까?

프로야구 개막전에서는 왜 유명인이 시구를 할까? 무슨 의미가 있는 거지?

지금까지는 별다른 의문을 가지지 않았는데, 잘 생각해 보면 '왜?'라는 생각이 드는 일들이 있을 거예요. 그런 의문이 들면 바로 조사해 보는 습관을 들여 보세요.

생각해 보자
- 지금까지 당연하다고 생각했지만, 잘 생각해 보니 의문스러운 일들이 주변에 있을까?
- 나는 모르는 게 있으면 곧바로 알아보는 편일까?

논리적인 사람은 하지 않는 다섯 가지 행동

☆ 나도 모르게 할 수도 있으니 주의하자!

논리적인 사람이 토론할 때 하지 않는 다섯 가지 행동에 대해서 알아볼까요? 먼저 '말꼬리 잡기'예요. 예를 들어, 상대방이 '지하철'이라고 말하려는 걸 알고 있으면서도 '치하철'이라고 잘못 말했다고 해서 상대방을 조롱하는 건 옳지 않아요. 토론 진행에 방해가 될 수도 있고, 상대방도 기분이 나쁠 수 있거든요.

'끝없는 논쟁'도 옳은 행동이 아니에요. 끝없는 논쟁이란, 서로가 자기의 의견만 고집하고 계속해서 논쟁을 이어 가는 것을 뜻해요. 상대방의 의견에도 귀를 기울이고, 그 의견이 옳은 말이라면 수용할 줄 아는 자세도 중요하답니다.

사실을 왜곡하거나 자기 좋을 대로만 해석하는 '억지 이론'도 주장해서는 안 돼요. 특히 혼나거나 질책당할 때 자기도 모르게 억지 이론을 펼치게 되니 꼭 주의하도록 해요.

같은 반 친구가 좋은 의견을 내놓았음에도, 그 친구를 싫어한다는 이유로 '개인적 공격'을 하는 것도 좋지 않아요. 좋은 의견을 내놓은 발언자를 좋아하지 않는다는 이유로 그 의견에 무조건 반대해 버리면, 합당한 의견을 바탕으로 한 토론을 할 수 없기 때문이에요.

마지막은 '데이터 날조와 곡해'예요. 올바른 사실이 아닌 잘못된 데이터를 가지고 토론하면 당연히 제대로 된 이야기를 나눌 수 없겠지요.

하면 안 되는 다섯 가지 행동

① 말꼬리 잡기
상대방의 사소한 말실수를 비난하거나 조롱하는 일

② 끝없는 논쟁
서로 자기의 의견만 고집해서 결론이 나지 않는 논쟁을 계속 벌이는 일

③ 거짓 논리를 펼치는 궤변, 억지 이론
이치에 맞지 않는 이야기를 정당화하거나 억지 부리는 일

④ 개인적 공격
발언자의 의견과는 관계없이 그 사람에 대한 악의를 가지고 근거 없는 비난을 하는 일

⑤ 데이터 날조와 곡해
사실이 아닌 일을 사실처럼 꾸미거나 상대방의 발언을 비꼬아 해석하는 일

위의 행동들을 하나씩 들여다보면 여러분도 '하면 안 되는 일'이라는 걸 알 수 있을 거예요. 그런데 토론을 하다 보면 자기도 모르게 할 수도 있기 때문에 꼭 주의해야 해요.

생각해 보자
- 다른 사람과 이야기하다가 나도 모르게 감정적이 되어 '하면 안 되는 일'을 한 적이 있을까?
- 위의 다섯 가지 행동을 안 할 수 있는 방법에는 뭐가 있을까?

출처 : 모테기 히데아키 「그림으로 풀어 보는 60분 트레이닝 로지컬 사고」 (PHP 연구소)

생각 뿜뿜

지우개는 얼마일까?

볼펜과 지우개는 합쳐서 1,100원이고, 볼펜은 지우개보다 1,000원 더 비싸요. 이때 지우개는 얼마일까요? 다음 세 가지 보기 중에서 정답을 골라 보세요.

① 1,000원　　② 100원　　③ 50원

이 문제에 대해 많은 친구들이 ②번이라고 답했어요. 그런데 정답은 ②번이 아니랍니다.

잘 생각해 볼까요? 만약 지우개가 100원이라면 볼펜 가격은 얼마일까요? 지우개보다 '1,000원 더 비싸다'라고 했으니, '1,100원'이 되겠지요. 이럴 경우 지우개와 볼펜 가격을 더하면 '1,200원'이에요. 문제에는 볼펜과 지우개를 합친 가격이 1,100원이라고 나와 있으니 ②번은 틀렸어요.

정답은 ③번의 50원이에요. 지우개가 '50원'이면 볼펜은 지우개보다 1,000원 비싼 '1,050원'이 되겠지요. 지우개와 볼펜의 가격을 더하면 '1,100원'이 되고요.

세상에는 신중히 생각하지 않으면 쉽게 틀리고 마는 문제들이 많아요. 만약 자신만만하게 ②번을 골랐더라도, 내가 고른 답이 '확실히 맞은 걸까?'라고 생각한 뒤, 한 번 더 확인해 보는 습관을 들여 보아요.

제3장

곤란한 일이 생겼을 때 도움이 되는 논리적 사고

1 상대방을 설득할 때 도움이 되는 논리적 사고

☆ 논리적인 이야기라면 상대방은 귀를 기울일 수밖에 없다

상대방을 '어떻게든 설득하고 싶어.'라고 생각해 본 적이 있지요? 그럴 때 로지컬 사고가 도움이 될 수 있어요. 나는 '이번 일요일에는 학원에 가지 않고 친구랑 놀이공원에 가고 싶어.'라는 생각이 들었어요. 이때 부모님의 허락을 받기 위해서 어떻게 하면 좋을까요? 아마도 대부분의 부모님은 금방 허락해 주시지 않을 거예요. 하지만 '왜 그렇게 하고 싶은지'에 대한 이유를 논리적으로 설명하면 절대 허락해 주지 않을 것 같던 부모님도 설득할 수 있을지 몰라요. 예를 들어, "가끔이라도 기분 전환을 하지 않으면 답답해서 공부를 계속할 수가 없어요. 게다가 친구들과 서로 다른 중학교에 가게 되면 지금처럼 어울릴 수도 없을 거고요. 얼마 전 학원에서 치른 중요한 시험도 막 끝난 참이고, 놀러 간다면 지금이 제일 좋은 타이밍이에요. 놀이공원에 다녀오면 힘내서 또 열심히 공부할 수 있을 것 같아요."와 같은 식으로 부모님이 허락할 만한 이유를 들어 가면서 '놀이공원에 가고 싶다'는 자신의 감정을 논리적으로 전달해 보는 거예요.

30페이지에서 설명했듯, 삼각 논리를 활용하여 '주장'과 '사실', '논거'가 확실한지 확인하고, '만약 내가 부모님 입장이라면 어떻게 할까?'라는 상상력까지 동원해 보세요. 설득력이 더해진다면 여러분의 이야기를 듣고 부모님이 "알겠어."라고 대답해 주실 가능성도 커지겠지요.

논리적 사고는 설득의 결과를 바꿀 수 있다!?

설득하고 싶은 내용

이번 일요일에는 학원에 가지 않고 친구들과 놀이공원에 가고 싶어

논리적인 A	논리적이지 않은 B
어떻게 하면 부모님이 허락해 주실까?	어떻게 하면 부모님이 허락해 주실까?

어떡하지?

부모님 입장에서 어떤 말을 들었을 때 허락해 주실지 생각해 보자.	놀이공원 가고 싶어. 아아, 놀이공원 가고 싶어!

이렇게 해 볼까?

놀이공원에 가면 공부를 더 열심히 할 수 있을 것 같다고 이야기해 보자.	귀에 딱지가 앉도록 "놀이공원 가고 싶어!"라고 계속 조르면 허락해 주실 거야!
"놀이공원에 가고 싶어요."로만 끝내지 않고, "공부를 더 열심히 할 수 있을 것 같아요." 라는 말까지 더해 준다면 부모님 입장에서 "안 돼."라고 말하기 힘들겠지요. 좋은 작전이에요.	귀에 딱지가 앉도록 말해서 자신의 바람을 표현하면 부모님이 허락해 주실지도 모르지만, 가고 싶다는 말만 계속하면 오히려 "절대 안 돼!"라는 대답이 돌아올지도 몰라요.

생각해 보자
- 내가 하고 싶은 말만 하고 있지는 않을까?
- 설득하려는 사람의 입장이 되어서 생각해 본 적이 있을까?

2 문제가 생겼을 때 해결책을 찾아보자

☆ 논리적 사고는 문제 해결의 열쇠!

우리가 몸이 안 좋을 때 병원에 가는 이유는 몸이 안 좋아진 원인을 찾아 고치기 위해서예요. 의사 선생님은 병의 원인을 찾기 위해 관련 증상을 묻거나 엑스레이를 찍는 등 다양한 방법을 이용해요. 그런 다음 원인을 찾아내면 병을 치료하기 위해 주사를 놓거나 약을 처방해 주지요. 그런데 만약 병의 원인을 찾으려 하지 않고 방치하면 병이 악화되어 심각한 상태로 이어질 수 있어요. 그래서 의사 선생님은 논리적 사고를 이용해서 병의 원인을 찾고, 그 원인을 없애는 치료를 하는 거랍니다.

여러분이 어려움에 직면했을 때야말로 논리적 사고를 활용해야 할 때예요. 논리적 사고는 나 자신의 문제를 해결해 주는 의사 선생님과 같은 든든한 존재거든요. 의사 선생님과 똑같이 논리적인 사고를 통해 문제의 원인과 인과관계를 밝혀서 해결책을 모색할 수 있기 때문이에요. 사람은 누구나 사는 동안 정말 다양한 문제에 직면할 수밖에 없어요. 그때마다 문제를 해결하지 않고 내버려 두면 문제들이 점점 쌓이고 쌓여 결국 더 심각한 큰 문제가 생길지도 몰라요. 이럴 경우를 대비하여 미리 논리적 사고를 익혀 두면 보다 빨리 원인을 찾아 해결할 수 있을 뿐만 아니라, 쓸데없는 시간을 낭비하지 않게 되어 매우 효율적이랍니다.

논리적으로 생각해야 문제를 해결할 수 있다!

문제 발생

논리적 사고를 하는 경우

- 사건의 관계성을 정확히 파악할 수 있다.
- 정해진 정보를 통해 원인을 찾을 수 있다.

의사 선생님은 증상을 물어보면서 정보를 모으고, 증상과 원인의 관계성을 추측하면서 정확한 원인을 찾는 거구나.

논리적 사고를 하지 않는 경우

- 사건의 관계성을 정확히 파악하지 못한다.
- 정해진 정보를 통해 원인을 찾지 못한다.

사건의 관계성과 원인을 찾지 못하면 해결책을 이끌어 낼 수 없어. 나는 논리적으로 생각해서 해결책을 찾는 어른이 될 거야!

논리적 사고는 하루아침에 완성되지는 않지만, 한번 몸에 익히면 열심히 외운 한자처럼 오랫동안 기억에 남아요. 우리가 살아가는 데 도움이 되는 최고의 무기인 셈이지요!

생각해 보자

- 문제가 생기면 그 원인이 무엇인지 생각하고 있을까?
- 문제의 원인을 모른 채 해결책만 찾으려다가 결국 시간만 낭비한 적이 있을까?

고민이 있을 때 도움이 되는 논리적 사고 ①

☆ 원인 파악→해결을 위해 행동하기!

어떤 문제에 맞닥뜨렸을 때 고민해 본 적이 있을 거예요. 이럴 때 가만히 고민만 하고 있으면 아무것도 해결할 수 없지요.

친구가 "시험 성적이 오르지 않아서 고민이야."라고 이야기한다면 '고민만 한다고 성적이 오르진 않아.'라는 생각이 들 거예요. 하지만 여러분도 어떤 문제에 부딪히면 친구처럼 고민을 하게 될지도 몰라요.

여러분이 고민에 빠지게 됐을 때야말로 논리적 사고를 활용할 때랍니다. 논리적인 생각은 문제의 원인과 인과관계를 명확히 해 주고, 해결책 또한 찾을 수 있도록 도와주니까요.

다른 주제지만, "나, ○○를 좋아해. 근데 ○○는 나를 좋아하는지 아닌지 잘 모르겠는데, 물어볼 수가 없어."라고 고민하는 친구들도 많아요. 이런 고민은 자신이 좋아하는 상대가 기적적으로 나에게 고백하지 않는 이상, 계속 고민한다고 한들 해결이 되지 않아요. '상대방의 마음은 물어보지 않으면 알 수 없어. 그러니 고백하자.'라고 마음먹고 행동하는 수밖에 없지요. 물론 상대로부터 "난 널 좋아하지 않아."라는 받아들이기 힘든 결과가 나올지도 모르지만, 적어도 상대의 마음을 모른 채 그저 속앓이만 하는 일은 없겠지요.

고민이 될 때는 고민의 원인을 찾아보자!

고민 시험 성적이 오르지 않는다

논리적인 A	논리적이지 않은 B

 성적을 조금 더 올리면 보상으로 게임기를 사 주실 거야.

 성적을 조금 더 올리면 보상으로 게임기를 사 주실 거야.

1주일 후

 성적이 오르지 않는 원인은 기초를 이해하지 못해서야. 작년에 배운 내용을 복습하자!

 어떡하면 좋을까? 기적이 일어났으면 좋겠다.

1년 후

 모르는 부분을 복습했더니 성적이 올랐어!

 아직 기적은 일어나지 않았어. 어떡하면 기적이 일어날까?

 고민할 뿐 아니라 고민의 '원인'을 찾아 해결책을 모색하는 것이야말로 로지컬 사고예요.

 고민만 한다고 해결되진 않아요. 문제를 해결하고 싶다면 그 원인이 무엇인지 논리적으로 생각하고 행동으로 옮겨야 해요.

 **생각해 보자**
- 문제가 생겼을 때 고민만 하고 있었던 적이 있을까?
- 아무런 행동을 하지 않는데도 고민이 해결될까?

4 고민이 있을 때 도움이 되는 논리적 사고 ②

☆ 고민해 봤자 해결되지 않는 일은 생각하지 말자!

사람은 누구나 크고 작은 고민을 안고 살아가요. 예를 들어 '나는 왜 이렇게 키가 작을까?'라는 고민이 있다고 해 보아요. 이 고민을 해결하기 위해 우유를 마시거나 키가 커지는 방법을 찾아서 해 보았지만 좋은 결과는 나오지 않았고, 계속 고민만 깊어졌어요. 이럴 경우에도 논리적 사고를 이용하면 고민을 해결할 수 있을 거라고 생각했지요. 그런데 키가 크지 않는 이유를 찾아보니 유전적 요인이 크다는 것을 알게 되었어요. 몸무게는 운동을 하거나 식이요법을 활용하면 뺄 수 있고, 또 많이 먹으면 찌울 수도 있는데 키는 그런 방법들이 통하지 않아요. 세상에는 노력으로도 해결할 수 없는 일들이 있거든요. ― 그리고 이것이 바로 인생이지요.

고민하고 싶지 않은데 고민하는 것도 인간이에요. 고민할수록 괴로워지니 어떻게 하면 해결할 수 있는지 생각하게 되지요. 그럴 때 '노력으로 해결할 수 있는 문제라면 열심히 노력하면 되지만, 노력으로도 어떻게 할 수 없는 일을 고민해 봤자 해결이 되진 않잖아?'라고 생각하면서 셀프 디베이트(92페이지)를 해 보는 거예요. 물론 그 즉시 마음이 편해지지는 않겠지만, 스스로 반복해서 되묻다 보면 '고민해 봤자 키는 더 안 자라. 그러니까 고민해도 소용없어!'라는 결론에 도달해 포기할 수 있을지도 몰라요. 논리적 사고는 키를 자라게 할 수는 없지만, 계속해서 무의미한 고민을 하지 않도록 도와주고 긍정적으로 생각하는 힘을 길러 준답니다.

고민해 봤자 해결되지 않는 문제를 생각할 필요가 있을까?

고민 성장기가 끝났지만, 키가 더 컸으면 좋겠어

논리적인 A	논리적이지 않은 B

 나는 농구부니까 키가 더 컸으면 좋겠어……

 나는 농구부니까 키가 더 컸으면 좋겠어……

1주일 후

 유전적인 요소가 큰데, 고민해 봤자 키는 더 클 것 같지 않아. 이제 그만 고민해야겠어!

 나는 농구부니까 키가 더 컸으면 좋겠어……

1년 후

 결국 키보다 스피드로 승부하는 선수가 됐어!

 나는 농구부니까 키가 더 컸으면 좋겠어……

 논리적으로 생각해서 '원인'을 찾고, '고민해도 소용없다'는 것을 깨달으면 다른 길을 찾는 기회가 될 거예요.

'원인'에 포커스를 맞추지 않고 고민만 해 봤자 괴로울 뿐이에요. 논리적으로 생각하면 '고민해도 소용없다'는 점을 깨달아 마음이 편해질 거예요.

 **생각해 보자**
- '고민'의 원인에 대해 생각해 본 적이 있을까?
- 고민이 사라졌던 기억을 떠올려 보고, 왜 고민이 없어졌는지 생각해 보자.

5 논리적 사고를 익히면 학교 성적이 오른다

☆ 논리적 사고를 활용하면 공부가 즐거워진다

학교에는 국어, 수학, 과학, 사회 등의 교과목이 있어요. 이 과목들은 각각 배우는 내용이 달라서 서로 관계가 없는 것처럼 보여요. 하지만 사실 이들에게는 공통점이 있답니다. 어느 과목이든 논리적 사고가 필요하다는 점이에요.

글로 생각을 전달할 때, 수학 문제의 답을 이끌어 낼 때, 과학 실험과 관찰 결과를 정리해서 연구할 때 등 이 모든 경우에 논리적 사고가 필요해요. 그런데 '사회 시간에 배우는 역사는 암기만 하면 되니 논리적 사고는 필요 없잖아.'라고 생각하는 친구가 있을지도 몰라요. 삼국통일이 '676년'에 이루어졌다는 것을 기억하는 건 단순 암기지만, 삼국이 통일된 데에는 분명 이유가 있을 거예요. 이때 논리적 사고를 이용해서 그 원인과 결과의 인과관계(40페이지)를 파악하여 '삼국통일'이 '어째서 이루어졌는지' 이해하는 거랍니다. 이와 같은 방식으로 조사하다 보면, '이런 이유가 있어서 이 사건이 일어났구나!' 하는 역사적 배경을 이해하게 되지요. 이처럼 역사적 사건·사고가 서로 관련되어 있다는 것을 발견해 나가면 역사를 더 재밌게 배울 수 있답니다.

논리적 사고를 활용하면 공부가 더 재밌어질 거예요. 그러면 분명 성적도 올라가겠지요?

어떤 과목이든 논리적 사고가 필요해!

수학
계산, 도형과 관련된 답을 이끌어 내는 과정에서 논리적 사고를 키울 수 있어!

국어
'읽기, 쓰기, 듣기, 말하기' 능력을 키울 수 있어!

논리적 사고는 모든 과목에 필요해!

과학
실험, 관찰을 통해서 사건의 원인과 결과를 알 수 있어!

사회
사건, 사고가 왜 일어났는지 그 원인과 결과를 알 수 있어!

앗! 그런 거야?

잘 생각해 보니 그렇네. 어떤 과목이든 갈피를 잡지 못하고 되는 대로 생각하면 시험 문제도 제대로 풀기 어려울 거야!

공부를 통해서 논리적 사고를 익힐 수 있어요. 그리고 몸에 익힌 논리적 사고를 탐구에 활용하면 점점 이해력이 높아져서 분명 공부도 더 재밌어질 거예요.

생각해 보자
- 역사 공부를 단순 암기라고 생각한 적이 있을까?
- 어떤 과목이든 '원인'과 '결과'에 대해 생각해 보도록 하자.

생각 뿜뿜

주스를 몇 병 마실 수 있을까?

다 마신 주스 병을 다섯 개 모으면 새 주스 한 병을 받을 수 있어요. 지금 여러분은 새 주스 150병을 가지고 있지요. 그렇다면 여러분은 총 몇 병의 주스를 마실 수 있을까요? 잘 생각해 보면, 초등학생도 쉽게 정답을 풀 수 있어요. 하지만 이 문제는 어른들도 종종 틀리곤 한답니다.

① 180병　　② 186병　　③ 187병

150병의 주스를 마시면 빈 병 150개가 생기므로, 이것을 새 주스 30병으로 바꿀 수 있어요. 이 새 주스 30병을 다 마시고 나면 또다시 빈 병 30개가 생기므로, 새 주스 6병으로 바꿔요. 또 6병의 주스를 다 마시고 나면 빈 병 6개가 생기고, 이 중 5병을 새 주스 1병과 교환하면 1병의 주스를 더 마실 수 있지요. 이렇게 마신 주스를 모두 세어 보면 150병+30병+6병+1병=187병이니 정답은 ③번이에요.

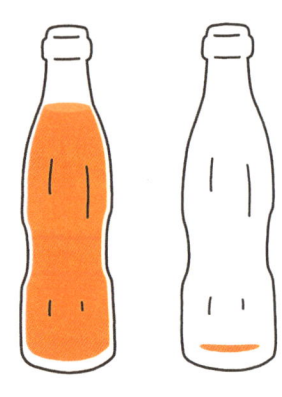

이 문제는 한 번 교환한 것만 생각해서 180병이라고 대답하는 사람이 많아요. 그런데 교환해서 새로 받은 주스가 5병이 넘으면 또 새 주스로 바꿀 수 있지요. 이 사실만 깨달으면 금방 문제를 풀 수 있답니다.

제4장

생각하는 공식 '프레임워크'

생각하기 위한 공식!?
'프레임워크'란 뭘까?

☆ 알아 두면 생각하는 게 쉬워진다

삼각형의 넓이를 구하는 공식은 '밑변×높이÷2'예요. 공식을 알고 있으면 이 식이 의미하는 바를 잘 모르더라도 간단히 답을 구할 수 있어요. 여러분도 이 공식은 알고 있지만, 어떻게 삼각형의 넓이를 구할 수 있는지는 잘 모를 거예요.

이처럼 무언가를 논리적으로 생각하거나 효율적으로 떠올리기 위한 '공식'이 바로 '프레임워크'예요. '프레임워크'는 '사고의 틀'이라는 의미로, 무언가를 떠올릴 때 그것을 정리해서 간단히 만들어 주기 때문에 꼭 배우는 것을 추천해요.

이번 장에서는 여러 프레임워크를 소개할 예정인데, 이 중에는 어른들이 사용하고 있는 것들도 많답니다. 이것들은 어른이 된 후에도 도움을 받을 수 있고, 어린이가 활용해도 편리한 것들이에요.

프레임워크는 보다 쉽게 사고하고 활용할 수 있도록 학자와 전문가들이 고안해 낸 것이에요. 어떻게 삼각형의 넓이를 알아낼 수 있는지는 몰라도 공식을 통해 올바른 답을 구할 수 있는 것처럼, 프레임워크는 꼭 생각해 내야 하는 것을 올바르게 생각할 수 있도록 도와주지요. 따라서 이런 편리한 도구를 사용하지 않으면 손해겠지요?

프레임워크란?

▶▶ 삼각형의 넓이를 구하는 공식

어떻게 넓이를 알아낼 수 있는지는 몰라도, 공식을 알고 있으니 답을 구하는 건 간단해!

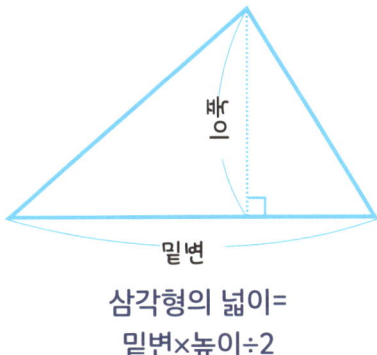

삼각형의 넓이＝
밑변×높이÷2

▶▶ 프레임워크는 사고를 위한 공식

5W1H 66페이지

'프레임워크'가 뭔지는 잘 모르겠지만, 공식 같은 거라면 알아 두는 게 좋을 것 같아.

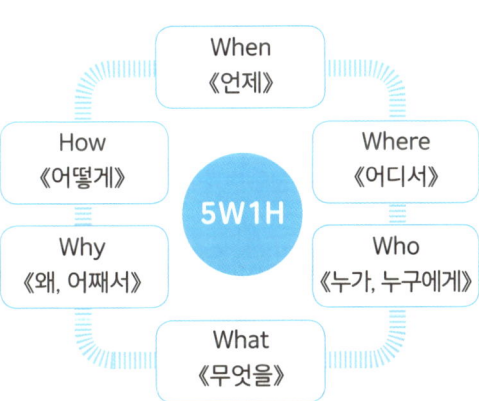

5W1H
- When 《언제》
- Where 《어디서》
- Who 《누가, 누구에게》
- What 《무엇을》
- Why 《왜, 어째서》
- How 《어떻게》

프레임워크는 공식처럼 답을 얻게 해 주는 건 아니지만, 목적에 맞게 활용하면 보다 쉽게 생각할 수 있도록 도와주는 편리한 도구예요!

생각해 보자
- 주변 어른들에게 '프레임워크'에 대해 알고 있는지, 그것을 실제로 활용하고 있는지 물어보자.

2 '빠짐없이, 겹치지 않게'는 논리적 사고의 주요 핵심

☆ '빠짐없이, 겹치지 않게' 분류하는 MECE란?

학자나 전문가들이 올바르게 사고·발상하는 방법을 공식화한 '프레임워크'는 복잡한 것을 단순화시켜서 활용하기에 편리하므로 주변에서도 많이 사용하고 있어요. 논리적 사고를 하는 데 있어서 가장 중요한 것은 '빠트림'이나 '겹침' 없이 올바르게 분류하는 'MECE(오른쪽 페이지)'를 확실히 알아 두는 거예요. 만약 '빠트림'이나 '겹침'이 있으면 올바른 결론을 낼 수 없기 때문이지요. 앞으로 소개할 프레임워크는 MECE를 따르도록 구성되어 있답니다. '빠트림'이나 '겹침' 없이 분류하는 일은 간단해 보이지만 사실 꽤 어려운 일이에요. 예를 들어 30명이나 되는 반 친구들을 MECE로 분류하려면 어떻게 해야 될까요?

이런 경우에는 '출생 월'로 분류하면 빠짐없이 겹치지 않게 나눌 수 있어요. 그런데 '학원에 다니는 사람'과 '운동을 하고 있는 사람'으로 나누면 어떻게 될까요? 학원에도 다니고 운동도 하는 친구들이 있을 테니 분명 겹침이 있을 것이고, 또 한편으로는 학원에도 다니지 않고 운동도 하지 않는 친구들도 있을 테니 빠트림이 생길 수밖에 없지요. 따라서 이 경우는 MECE가 아니에요. 이처럼 논리적으로 생각하는 데 있어 'MECE' 분류법은 아주 중요하답니다. 무언가를 분류하기 위해서는 앞으로 'MECE'를 꼭 의식하도록 해 보아요.

빠짐없이, 겹치지 않게 분류하는 'MECE'

>> 반 친구들을 다양한 방법으로 분류해 보자!

① 빠짐없이, 겹치지 않게 (=MECE)
→ 출생 월로 분류하기

1월생	4월생	7월생	10월생
2월생	5월생	8월생	11월생
3월생	6월생	9월생	12월생

1월~12월 이외의 달에 태어난 사람은 없으니, 출생 월에 따라 분류하면 빠짐없이 겹치지 않게 MECE 완성!

② 빠짐없이, 겹치게
(=MECE가 성립되지 않음)
→ 남자, 여자, 키 150cm 이상으로 분류하기

키 150cm 이상의 남자, 키 150cm 이상의 여자와 같은 식으로 겹치기 때문에 MECE가 성립되지 않아요!

③ 빠지고, 겹치지 않게
(=MECE가 성립되지 않음)
→ 한국 출생인지, 미국 출생인지 분류하기

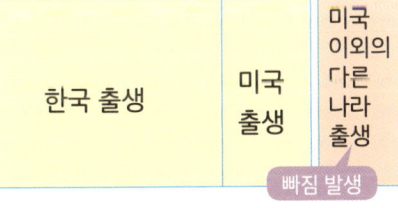

미국 이외의 다른 나라에서 태어난 친구가 있으면 빠짐이 발생하므로 MECE가 성립되지 않아요!

④ 빠지고, 겹치게
(=MECE가 성립되지 않음)
→ '학원에 다니는 사람'과 '운동을 하는 사람'으로 나누기

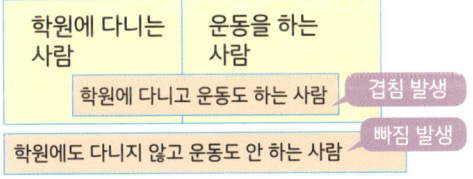

학원에 다니고 운동도 하는 친구는 겹치고, 둘 다 하지 않는 친구는 빠지고 마니 MECE가 성립되지 않아요!

생각해 보자
- 우리 주변에 있는 것들을 빠짐없이, 겹치지 않게 분류해서 MECE가 성립하는지 확인해 보자.

3 'WHY 트리'로 문제의 원인을 파악하자

☆ 해결하고 싶은 문제는 '왜?'라고 거듭 질문하기!

문제 해결에서 가장 중요한 부분은 문제의 원인을 파악하는 일이에요. 원인을 알면 해결책이 보이니까요. 반대로 말하면, 원인을 모른 채 문제를 해결하려 하면 좋은 해결책을 찾기 어려워요. 'WHY 트리'는 논리적 사고법 중 하나로, 문제의 원인을 쉽게 찾을 수 있도록 도와주는 방법이에요.

'WHY 트리'를 활용해서 '왜?'라고 스스로 묻고 답하다 보면 원인을 찾을 수 있어요. 먼저, 오른쪽 페이지처럼 1단계에 해결하고 싶은 문제를 적어요. 그리고 2단계에서는 MECE(62페이지)가 성립되도록 '왜?'에 맞는 답변을 분류해서 적는 거예요. '왜?'라고 물으면서 2단계, 3단계를 반복해요. 이때 조금씩 내용을 구체화하는 것이 포인트예요. 언뜻 보기에 WHY 트리를 활용하는 것이 굉장히 쉬워 보일지도 몰라요. 그런데 실제로 해 보면 의외로 어렵답니다. 그러니 처음부터 잘 안 된다고 속상해할 필요는 없어요.

중요한 것은 '문제에는 반드시 원인이 있고, 그 원인을 모르면 해결책도 찾을 수 없다'는 점을 이해하는 거예요. 원인을 모른 채 방치해 두면 문제는 해결되지 않는답니다.

'WHY 트리'로 문제의 원인 찾기

1단계: 수학 시험 점수가 떨어졌다.

여기에 문제를 적어요

여러 이유가 생각난다면 세 개 이상 적어도 OK!

2단계 (왜?):
- 학교에서 수업을 잘 안 들으니까
- 집에서 공부하는 방법이 잘못되어서

3단계 (왜?):
- 학교에서 수업을 잘 안 들으니까 →
  - 밤늦게까지 게임하느라 잠이 부족해서
  - 좋아하는 친구를 생각하느라 수업에 집중이 안 돼서
- 집에서 공부하는 방법이 잘못되어서 →
  - 예습하는 습관이 없어서
  - 복습하는 습관이 없어서

점점 구체적으로 →

> 대충은 알고 있었지만, WHY 트리를 이용하니 점수가 떨어진 이유를 확실히 알겠어요. 그렇지만 제 바로 앞자리에 좋아하는 친구가 앉아 있는걸요.

> 게임은 시간을 정해서 하고, 예습과 복습을 꾸준히 하면 수학 점수는 올라갈 것 같네요. 하지만 앞자리에 앉은 친구를 생각하지 않는 건 어려울지도 모르겠군요.

생각해 보자
- 원인도 모른 채 문제를 해결하려고 하다가 결국 포기해 버린 적이 있을까?

4 항상 '5W1H'를 의식하자

☆ 말하고자 하는 것을 명확히 전달하기 위한 6요소

상대방에게 무언가를 말할 때 중요한 정보가 빠지면 내용이 잘 전달되지 않아요. 예를 들어, 친구와 약속을 정할 때 친구가 "그럼 나중에 보자."라고 말하면 '언제', '어디에서' 만나야 하는지 알 수 없어요. 이런 경우에는 친구가 "오후 3시에 항상 만나던 그 공원에서 만나자."라고 하면 확실히 알 수 있겠지요. 상대방에게 무언가를 말할 때 어떤 요소가 필요한지를 정리한 것이 '5W1H'예요. 5W는 W로 시작하는 다섯 개의 영어 단어로, 'When(언제)', 'Where(어디서)', 'Who(누가, 누구에게)', 'What(무엇을)', 'Why(왜, 어째서)'를 뜻해요. 1H는 'How(어떻게)'를 가리키지요. 이것들 가운데 어느 것이라도 빠지면 말하고자 하는 내용이 잘 전달되지 않아요. 단, 말하는 사람이나 듣는 사람 모두 굳이 말하지 않아도 내용을 명백히 알 수 있는 경우에는 생략해도 괜찮아요. 예를 들어, 친구와 공원에서 놀기로 했을 때 친구에게 "왜 공원에서 만나는 거야?"라고 물어볼 필요는 없으니까요, 이럴 때는 오히려 'Why(왜, 어째서)'를 빼는 게 좋아요.

다른 사람과 대화할 때뿐만 아니라 글을 쓸 때도 5W1H를 의식해야 해요. 이를 잘 지키면 전해야 하는 내용, 전하고 싶은 내용이 빠지는 것을 방지할 수 있고, 내가 말하고자 하는 내용을 상대방에게 정확히 전달할 수 있답니다.

항상 '5W1H' 의식하기

When
《언제》
- 예
- 오전 10시에 시작할게요
- 10일까지 해 오세요

Where
《어디서》
- 예
- 음악실에 모이세요
- 교실에서 수업을 시작할게요

Who
《누가, 누구에게》
- 예
- 제가 할게요
- A에게 부탁할게요

What
《무엇을》
- 예
- 합창합시다
- 축구할 거예요

Why
《왜, 어째서》
- 예
- 시험 성적을 올리고 싶어서
- 밤늦게까지 게임을 해서

How
《어떻게》
- 예
- 학원에 다녀서
- iPad를 사용해서

5W1H

생각해 보자
- 지금까지 5W1H를 의식하면서 이야기했을까?
- 말하고자 하는 내용이 정확하게 전달되지 않으면 어떤 기분이 들까?

5 의사 전달에 도움이 되는 'PREP 기법'

☆ **내 이야기에 집중시키려면 말하는 순서를 지켜야 한다**

친구나 주변 사람들에게 "그래서 네가 무슨 말을 하고 싶은 건지 모르겠어."라는 말을 듣고 당황했던 적이 있나요? 'PREP 기법'은 이런 상황에 도움이 되는 효과적인 의사 전달 기법이에요. 아래의 순서에 따라 말하면 상대방에게 자신의 의견을 확실하게 전달할 수 있어요.

① Point(결론, 포인트)……결론을 가장 먼저 말해요. 그러면 상대방도 이후에 어떤 이야기가 펼쳐질지 흥미를 갖고 들어 주게 된답니다.
② Reason(이유)……그 결론에 도달하게 된 이유를 알기 쉽게 설명해요.
③ Example(사례, 구체적 예시)……구체적인 예를 들어요.
④ Point(결론, 정리)……마지막으로 한 번 더 결론을 말해요. 왜 이런 결론에 도달했는지 강조하기 위해서지요.

잘 살펴보면 ①번에서 말한 결론을 ④번에서 반복하고 있어요. 여기서 '결론'을 마지막뿐 아니라 처음에도 말하는 것이 포인트예요. 결론을 알 수 없는 이야기는 끝까지 듣고 있기 힘들거든요. 다른 사람이 이야기를 줄줄 늘어놓기만 할 때 지루하다고 생각했던 경험이 있다면 떠올려 보세요. 혹시 그 사람이 처음부터 결론을 말하지 않았던 건 아닐까요? PREP 기법도 물론 중요하지만, 우선 말하고자 하는 내용이 상대방의 흥미를 끌 만한 것이어야 한다는 사실을 잊지 마세요.

'PREP 기법'을 활용해서 말해 보자!

P **Point**
>> 결론, 포인트

"매달 5,000원씩 받고 있는 제 용돈을 올려 주셨으면 좋겠어요."

- 제 의견은 ○○입니다
- 결론부터 말씀드리면
- 우선 말씀드리고 싶은 내용은
- 포인트는 ○가지입니다

R **Reason**
>> 이유

"왜냐하면 반 친구들의 용돈과 비교해 보면 금액이 굉장히 적기 때문이에요."

- 왜냐하면
- 이유를 말씀드리면
- 그 이유는

E **Example**
>> 사례, 구체적 예시

"반 친구들 전체의 용돈을 조사해 본 결과, 평균은 월 1만 5,000원이었어요."

- ~에 의하면
- 예를 들면
- ○○의 데이터에 의하면
- 구체적으로 말하자면 포인트는 ○가지입니다

P **Point**
>> 결론, 포인트

"이러한 이유로 제 용돈을 올려 달라는 제안을 긍정적으로 생각해 주셨으면 해요."

- 이러한 이유로
- 정리하면
- 그러니

지금까지는 "용돈 올려 줘!"라고 말하기만 했는데, PREP 기법을 사용하면 부모님을 설득할 수 있을 것 같아!

생각해 보자

- 나는 평소에 말하고자 하는 내용을 처음부터 이야기할까, 아니면 마지막에 이야기할까?

아이디어를 떠올릴 때 도움이 되는 'SCAMPER'

☆ 아이디어를 떠올릴 때 무척 편리해!

'도무지 아이디어가 떠오르질 않아!'라는 생각에 힘들었던 경험이 있을 거예요. 그럴 때는 사고방식을 바꿔 보는 걸 추천해요. 지금 하고 있는 방법을 지속해 봤자 좀처럼 생각이 나지 않는 건 마찬가지일 테니 생각하는 방법을 바꿔 보는 거예요. 그래도 안 되면 또 다른 방법으로 바꿔 보면 되지요.

'SCAMPER'는 준비된 체크리스트에 따라 생각해 보면서 새로운 아이디어를 만들어 내는 기법이에요. 오른쪽 페이지와 같이 ①대체, ②결합, ③응용, ④수정/확대/축소, ⑤다르게 활용하기, ⑥삭제, ⑦뒤집기/재배열의 순서로 아이디어를 내 보는 것이지요. 예를 들어 '새로운 형태의 연필'을 고안할 때 '다른 것으로 대체할 수 없을까?'라는 생각을 해 보는 거예요. 잘 떠오르지 않는다면 다음 순서인 '결합'으로 넘어가서 '어두운 곳에서도 글씨를 쓸 수 있도록 라이트를 붙여 보면 어떨까?'처럼 순서대로 아이디어를 내 보아요. 이렇게 하면 보다 쉽게 아이디어를 떠올릴 수 있답니다.

이와 같은 과정을 실행할 때는 머릿속으로만 생각하지 말고, 조금 귀찮더라도 종이에 직접 적어 보세요. 그렇게 하면 머리가 더 잘 돌아갈 수도 있거든요. 혼자서도 할 수 있지만 친구들과 함께 다 같이 해 보는 것도 좋아요.

SCAMPER의 일곱 가지 요소

S Substitute (대체)
- 다른 것으로 대체할 수 있을까?
- 일부를 대체할 수 있을까?
- 대체 가능한 것에는 무엇이 있을까?

C Combine (결합)
- 다른 사물이나 아이디어와 합칠 수 있을까?
- 다른 사람과 합칠 수 있을까?

A Adapt (응용)
- 다른 형태로 만들면 어떨까?
- 조정하면 어떻게 될까?
- 새로운 용도로 응용할 수 없을까?

M Modify (수정) / Magnify (확대) / Minify (축소)
- 색깔, 소리 움직임, 형태, 크기를 바꾸면 어떨까?
- 크게, 세게, 두껍게, 높게, 길게 하면 어떨까?
- 작게, 가볍게, 늦게, 적게 하면 어떨까?

P Put to other uses (다르게 활용하기)
- 사용할 장소를 바꾸면 어떨까?
- 사용법을 바꾸면 어떨까?
- 사용 시간을 바꾸면 어떨까?

E Eliminate (삭제)
- 없애면 어떨까?
- 떼어내면 어떨까?
- 간소화하면 어떨까?

R Revers (뒤집기)
- 순서를 거꾸로 하면 어떨까?
- 패턴, 레이아웃을 바꾸면 어떨까?
- 그룹을 재배열하면 어떨까?

영어로 되어 있어서 어려워 보이지만, 어떻게 생각하면 좋을지 이해하고 나면 아이디어를 떠올릴 때 편할 것 같아!

생각해 보자
- 아무리 생각해도 답이 떠오르지 않을 때는 다른 방법을 활용해 보자.

목표를 정할 때 도움이 되는 'SMART 법칙'

☆ 논리적으로 목표를 세우면 달성할 수 있다

'수학 공부를 열심히 할 거야!', '살을 뺄 거야!'처럼 새해를 앞두고 목표를 세우는 친구들이 많아요. 그런데 이런 식의 목표를 달성하는 사람은 얼마 없답니다. 그 이유는 목표를 논리적으로 세우지 않고 '대충' 세웠기 때문이지요. 이럴 땐 'SMART 법칙'을 활용해 보세요. SMART 법칙은 목표를 논리적으로 세우는 데 도움이 되는 기법이에요.

- Specific(구체적으로)……명확하고 구체적인 표현과 말로 목표 세우기
- Measurable(측정 가능한)……측정할 수 있는 목표 세우기
- Agreed upon(동의할 수 있는)……노력하면 달성할 수 있는 목표 세우기
- Realistic(현실적인)……현실적인 목표 세우기
- Time-bound(기한이 있는)……목표 기한 정해 놓기

이 다섯 가지 조건을 충족하는 목표를 세우면, 그것을 달성하기 위해 구체적으로 뭘 해야 하는지 알 수 있고, 쉽게 노력할 수 있지요. 따라서 목표 성공률도 올라가게 된답니다. 단순히 '살 뺄 거야!'가 아닌, '6월까지 3kg을 뺄 거야!'라는 식으로 조금 더 구체적인 목표를 정할 필요가 있어요. 하지만 '다음 주까지 10kg을 뺄 거야!'라는 식의 목표는 달성하기 어렵기 때문에 의욕도 생기지 않지요. 따라서 현실적이지 못한 목표를 설정하지 않도록 주의해야 해요.

'SMART 법칙'을 활용해서 목표를 세워 보자!

Specific
구체적인

Measurable
측정 가능한

Agreed upon
달성 가능한

Realistic
현실적인

Time-bound
기한이 있는

목표 설정하기

● 'SMART 법칙'으로 보는 좋은 목표와 나쁜 목표
예) 살 빼기 목표

좋은 예

목표: 졸업식이 열리는 3월까지 두 달 동안 5kg 빼기

● 목적이 명확하고 기한도 정해져 있어요. 목적이 명확할수록 달성 가능성도 높아져요!

나쁜 예

목표: 5kg 빼기

● '언제부터 시작하는지', '왜 하는지'가 명확하지 않고, '언제까지'라는 기한도 없어요!

'무엇을 위한 목표'인지까지 생각하고 목표를 세우면 목표를 달성하기 위해 의욕적으로 임할 수 있어요!

애매한 목표를 세우고 있지는 않나요? 어떤 목표라도 꼭 '언제까지'라는 달성 기한을 정하도록 해요!

생각해 보자
● 지금까지 달성하지 못한 목표에는 어떤 것이 있을까?
● 달성했던 목표가 있다면 어떻게 정했었는지 생각해 보자.

8 'PDCA'를 이용해 목표를 달성해 보자

☆ 실패를 두려워하지 않고 방식을 바꾸는 것이 중요

'SMART 법칙'을 이용해 목표를 세운다고 해도 꼭 달성한다는 법은 없어요. 일이 생각보다 잘 풀리지 않을 수도 있고, 개선이 필요한 부분이 있을지도 몰라요. 그럴 때는 목표 달성을 도와주는 'PDCA' 기법을 활용해 보세요.

① Plan(계획)……목표를 정한 뒤, 어떻게 실행할지 '계획' 세우기
② Do(실행)……계획에 따라 '실행'하기
③ Check(평가)……실행한 뒤, 성공했거나 실패한 내용을 '평가'하기
④ Action(개선)……평가를 토대로 행동을 '개선'하기

①에서 ④까지의 과정을 한 차례 실행했다면, 다시 ①로 돌아가 같은 과정을 계속 반복해요. 그러다 보면 어느새 목표 달성에 가까워져 있을 거예요.
사람들은 보통 목표를 세우기만 하고 '평가'나 '개선'은 하지 않는 경우가 많아요. 하지만 이제 PDCA를 배웠으니, 이 과정도 빠뜨리지 않고 실행할 수 있겠지요? 일이 잘 풀리지 않을 때도 같은 방식만 고집하다 보면 결국 또 실패하게 될 거예요. 실패했을 때는 다른 방법으로 시도해 보는 것이 좋아요. 그래도 또 실패한다면 또 다른 방법을 시도하면 되니까요. 논리적인 사람은 실패를 두려워하지 않고 새로운 일에 도전하며, 설령 실패를 반복하더라도 꾸준히 개선해 나간답니다. 그렇게 하면 목표 달성에 가까워질 수 있지요.

PDCA의 순서대로 실행해 보자!

① Plan
계획

목표를 정한 뒤, 어떻게 실행할지 '계획' 세우기

목표를 세우고 달성하기 위한 계획을 세운다. 한 차례 시도가 끝난 뒤에는 ④ Action(개선)에서 생각한 바를 토대로 목표와 계획을 수정한다.

② Do
실행

계획에 따라 '실행'하기

목표 달성을 위해 '실행'하기. 시도하는 과정에서 알게 된 문제점이나 애로 사항을 기록해 둔다.

③ Check
평가

실행한 뒤, 했거나 실패한 내용을 '평가'하기

'왜 성공했는지', '왜 실패했는지'를 스스로 돌아보고, 실행한 내용을 '평가'한다.

④ Action
개선

평가를 토대로 행동을 '개선'하기

실패한 경우에는 개선책을 생각하고, 성공했더라도 '더 좋은 방법은 없었을까?' 하고 생각해 본다.

> 지금까지는 목표를 세워 두기만 해서 매번 실패했던 거였어! 목표는 세우기만 한다고 되는 게 아니구나!

생각해 보자
- 실패했을 때 같은 방식을 되풀이하면 안 되는 걸까?
- '실패는 성공의 어머니'라는 말도 있는데, 정말 그렇게 생각할 수 있을까? 실패를 두려워하지 않아도 될까?

'HOW 트리'로 해결책을 찾아보자

☆ '어떻게?'를 반복해서 해결책 찾기!

'PDCA'로 문제의 원인을 찾았다면, 이제는 그 해결책을 모색해야 할 때예요. 이때 'HOW 트리'를 이용하면 해결책을 찾을 수 있어요. 기본적인 활용법은 64페이지에서 설명한 'WHY 트리'와 같아요. HOW 트리는 WHY 트리의 '왜?'를 '어떻게?'로 바꾸기만 하면 된답니다.

해결하고 싶은 내용을 1단계에 적고, '어떻게?'라고 자문자답하면서 MECE가 성립하도록 문제 해결 방법을 적어요. 2단계, 3단계도 같은 방식으로 진행하면 돼요. 예를 들어, 1단계에 '성적 올리기'라고 적고 '어떻게?'를 생각하면서 2단계에는 그 해결책으로 '학습 시간 늘리기', '수업에 집중하기' 등등을 적어 내려가요. 이때 '노는 시간 줄이기', '게임 하는 시간 줄이기'와 같이 비슷한 내용을 쓰지 않도록 주의해야 해요.

'HOW 트리'와 'WHY 트리'는 머릿속으로만 생각하지 말고, 조금 귀찮더라도 손으로 직접 써 내려가는 것이 좋아요. 그래야 두뇌 회전도 활발해지거든요. '어떻게?'에 대한 대답이 도무지 생각나지 않을 때는 시간을 조금 두고 생각해 보는 것도 좋겠지요.

'HOW 트리'로 해결책 찾기

여기에 문제를 적어요

1단계: 수학 시험 점수 올리기

세 가지 이상 적어도 OK!

어떻게?

2단계:
- 모르는 문제 줄이기
- 학습 시간 늘리기

어떻게?

3단계:
- 선생님과 친구들에게 모르는 문제 물어보기
- 복습을 통해 배운 내용을 잊어버리지 않기
- 게임하는 시간 줄이기
- 아침 일찍 일어나서 예습하고 학교 가기

→ 점점 구체적으로

이렇게 생각해 보니, 뭘 해야 하는지 명확하게 보여요! 이제 이걸 제대로 실행하는 것이 중요하겠네요.

아무리 논리적으로 생각하더라도 행동으로 옮기지 않으면 의미가 없지요. 열심히 생각한 다음에는 꼭 실천해 보세요.

생각해 보자
- 어떤 문제에 맞닥뜨렸을 때, 해결책을 생각해 보기도 전에 포기해 버린 적이 있을까?
- 그동안 해결책을 찾기 위해 어떻게 했을까?

10 생각만 하면 안 돼! 행동이 중요해

☆ **생각했다면 행동으로 옮기자!**

우리는 때때로 생각이 잘 정리되지 않거나, 좋은 아이디어가 떠오르지 않거나, '그러고 보니 뭘 생각하고 있었더라?' 하고 목적을 잊는 일을 적잖이 경험해요. 이럴 때 프레임워크를 활용하면 생각이나 토론을 할 때 빠짐없이, 그리고 겹치지 않게 생각하고 말할 수 있어요.

또 '조리 있게 설명하는 게 어려워……'라고 느낄 때도 프레임워크를 활용하여 생각하면 '이렇게 말하면 되겠구나!' 하고 깨달을 수 있지요.

물론 프레임워크를 활용해서 논리적으로 생각하는 일도 무척 중요하지만, 그보다 더 중요한 것은 생각을 정리해서 문제 해결을 위한 행동을 하는 거예요. 예를 들어, '수학 성적을 올리려면 어떻게 해야 하지?'라는 고민에 대해 '특히 잘 안 풀리는 분수 문제를 매일 10문제씩 풀자.'라고 생각했다고 해요. 그런데 이렇게 생각만 한다고 해서 과연 성적이 오를까요? 아무것도 실행하지 않는다면 성적이 오를 리가 없겠지요. 아무리 좋은 해결책을 생각해 냈더라도 행동하지 않으면 문제는 해결되지 않아요. 위의 경우에서도 '매일 10문제씩 풀기'를 실천하지 않으면 생각은 무용지물이 되어 버리겠지요. 가장 중요한 것은 생각을 행동으로 옮기는 일이랍니다.

다른 유형의 사람이라도 '행동'이 가장 중요

 행동파 A 생각하기 → 행동하기 → 생각하기 → 행동하기

- A는 생각하는 즉시 행동하고, 문제가 해결되지 않으면 다시 생각한 후 바로 행동으로 옮기는 타입

 신중한 B 생각하기 → 행동하기 → 생각하기 → 행동하기

- B는 신중하게 생각하며, 행동하는 데 시간이 걸리는 타입

 바로바로 행동하는 C   행동하기 → 생각하기 → 행동하기 → 생각하기 → 행동하기

- C는 실패를 두려워하지 않고 생각하기 전에 행동부터 한 후, 실패하면 다시 생각하는 타입

 생각이 너무 많은 D 생각하기 → ✕

- D는 생각이 너무 많아 행동하지 못하는 타입 실패할 일도 없지만, 문제도 해결할 수 없다.

생각부터 하지 않으면 행동하지 못하는 사람이나, 일단 행동부터 하는 사람 등 여러 타입의 사람들이 있어요. 그런데 생각만 하면 문제를 해결할 수 없으니 '행동하는 것'이 가장 중요해요.

생각해 보자

- 생각하는 것은 중요하지만, 생각만 한다고 문제가 해결될까?
- 생각을 실천으로 옮기자.

생각 뿜뿜

누가 더 빨리 결승점에 도달할까?

A와 B는 각각 지상 10층과 지하 10층짜리 건물에서 누가 지상 10층, 지하 10층에 먼저 도달할지 겨루기로 했어요.

A는 지상 10층, B는 지하 10층이 결승점이에요. 두 사람 모두 1층에서 출발하기로 했고, 달리는 속도는 같아요. A와 B 중 누가 먼저 결승점에 도달할까요?

① A가 먼저 도착한다

② B가 먼저 도착한다

③ A와 B가 동시에 도착한다

이 문제에는 함정이 있어요. 우리가 건물에 들어갔을 때를 한번 떠올려 보세요. 1층 바로 위는 몇 층인가요? 맞아요. '2층'이에요. 그렇다면 1층 아래는 몇 층일까요? 이 경우에는 지하 2층이 아닌 '지하 1층'이지요.

따라서 A는 아홉 층만 올라가면 결승점에 도달할 수 있어요. 그런데 B는 열 층을 내려가야 도달할 수 있지요. 두 사람의 속도는 같으므로, 정답은 '① A가 먼저 도착한다'랍니다.

제 5 장

일상생활에서 논리적 사고를 단련해 보자

1 잘 모를 때는 생각만 하지 말고 조사해 보자

☆ 조사 없이는 생각만으로 소용없을 때가 많다

앞으로 여러분의 인생에는 모르는 것들이 무척 많이 생길 거예요. 어른이 되면 아는 것도 많아지지만, 너무 어려워서 잘 모르는 일들도 많아지거든요. 그리고 이렇게 모르는 일들은 계속해서 생겨날 거예요. 잘 모르는 문제가 생겼을 때, 생각하는 것은 중요한 일이에요. 하지만 생각만으로는 해결되지 않는 문제도 무척 많답니다. 예를 들어, "KTX 경부선 기차역은 모두 몇 개나 있어?"라는 질문에 대한 답을 모른다면, 아무리 오랫동안 생각해 봐도 답을 떠올릴 수 없겠지요. 이럴 때는 어떻게 하면 좋을까요? 답은 간단해요. '조사'하면 된답니다. 당연하다는 생각도 들겠지만, 의외로 귀찮다는 이유로 알아보지 않는 사람들이 많아요. 여러분도 생각해 보면 그럴 때가 있었을 거예요. KTX 경부선 기차역은 인터넷을 찾아보면 금방 알 수 있어요. 합리적으로 생각하는 사람이라면 이 질문을 듣고 바로 찾아보겠지요. 머리를 감싸고 고민해 봤자 시간만 낭비할 뿐이고, 바로 찾아보는 편이 효율적이니까요.

'논리적 사고'와 '조사하기'는 언뜻 보기엔 관계가 없어 보이지만, 사실 밀접한 관계가 있어요. '조사하는 습관이 없다=로지컬 사고를 하지 않는다'라고 해도 과언이 아니랍니다.

생각해서 해결되는 일과 해결되지 않는 일이 있다

Q KTX 경부선 기차역은 모두 몇 개나 될까?

음, 몇 개나 있는 거지……? 흠……

 10분 후

서울, 대전, 구미…… 음, 또 어디에 있더라…… 포항? 뭔가 더 많을 것 같은데. 서울에서 부산까지 이어지니까 아마 30역 정도는 되지 않을까?

앗, 잘 모르겠다. 생각해 봐도 답이 안 떠오를 테니 알아봐야지!

 10분 후

알아보니 16개 역이 있었어! 그리고 경부선과 똑같이 경전선을 타도 서울에서 밀양까지 갈 수 있다는 걸 처음 알았어. 경전선은 총 14개 역이 있더라고.

여러분은 두 사람 중 어떤 타입인가요? 기차역의 개수는 조사해서 알아보지 않으면 아무리 생각해도 답을 알 수 없겠지요. 생각만으로 답을 알 수 없는 문제는 조사하는 것이 합리적이에요.

생각해 보자
- 생각해도 모르는 문제를 바로 조사해 보는 습관이 있을까?
- 조사해도 모르는 문제는 어떻게 하면 좋을지 아이디어를 내 보자.

2 자기 자신과 제3자 양쪽의 관점에서 사실을 바라보자

☆ 입장이 바뀌면 다르게 보인다

여러분이 '사실'이라고 생각하는 일들이 다른 사람에게는 사실이 아닐지도 몰라요. 예를 들어 오른쪽 페이지처럼 절반은 빨갛고 절반은 파란 공이 있다고 했을 때, 남자 어린이에게는 "빨간 공을 봤어."가 사실이지만, 같은 공을 보고 있는 여자 어린이에게는 "파란 공을 봤어."가 사실이 되거든요. 이처럼 내가 바라보는 '공'과 다른 사람이 바라보는 '공'이 반드시 똑같지만은 않답니다. 만약 내가 친구와 싸웠을 경우 나는 '저 친구가 나빠.'라고 생각하겠지만, 그 친구의 입장에서는 '저 친구가 나빠.'라고 생각할 거예요. 내가 "친구가 먼저 때렸어."라고 주장하더라도, 친구 입장에서는 "나한테 계속 욕하니까 참을 수가 없었어."라고 말할 수 있는 것처럼, 누구나 자기 자신이 옳다고 생각하기 마련이에요. 이렇게 입장에 따라서 같은 사실을 다르게 받아들이는 일은 일상생활에서 종종 일어난답니다. 이럴 때는 상대방의 입장이 되어서 객관적으로 사실을 바라보려고 노력해 보세요. '똑같은 욕을 들었다면 나도 기분 나빴을 것 같아. 내가 잘못한 게 맞아.'라는 객관적인 생각을 할 수 있게 될 거예요.

어떤 일을 상대방의 입장이 되어 객관적인 시선으로 바라보면 상대방이 바라보고 있는 사실을 이해하게 될 뿐만 아니라, '아, 그렇구나!' 하고 상대방의 생각 또한 이해할 수 있을 거예요.

'사실'을 다른 방향에서 바라보면 다르게 보인다

나는 지금 빨간 공을 보고 있어.

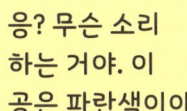
나는 지금 파란 공을 보고 있어.

이 공은 빨간색이야.

응? 무슨 소리 하는 거야. 이 공은 파란색이야.

뭐라고?

Q 누가 정답일까?

둘 다 정답이었구나. 설마 절반은 빨갛고, 절반은 파란 공일 줄이야…

그러고 보니 내 쪽에서 바라보면 빨간 공으로밖엔 안 보이네.

이 공과 같이 주관적인 '사실'과 객관적인 '사실'은 다르게 보일지도 모르지만, 다양한 방향에서 '사실'을 바라보는 것이 중요해요.

생각해 보자
- 지금까지 객관적으로 사실을 바라보려고 노력한 적이 있을까?
- 내가 본 것만이 '사실'이라고 말할 수 있을까?

★ 85

3 '타우린 2,000mg'은 어느 정도 효과가 있는 걸까?

☆ 의문이 드는 일들을 그냥 지나치고 있지는 않을까?

편의점의 피로 회복 음료 코너에 가 보면 '타우린 2,000mg'과 같이 타우린이 얼마나 들었는지 쓰여 있는 제품들을 종종 볼 수 있어요. 그런데 만약 타우린 함유량이 '2,000mg'인 제품과 '1,000mg'인 제품의 가격이 같다면, 여러분은 어떤 제품을 고를까요? "효과가 강력한 2,000mg이지."라고 말하는 친구도 있는 반면, "나는 1,000mg로 할래."라고 하는 친구도 있을 거예요. 그러면 한번 생각해 볼까요? 여러분은 타우린에 대해 아마 잘 모를 거예요. 그런데도 둘 중 한쪽을 골랐다면, 분명 어림짐작으로 골랐을 테지요. 그럼 이번에는 피로 회복 음료를 사려는 어른들에게 "타우린이 뭐예요?" 하고 물어보세요. 아마 대부분의 어른들은 타우린에 대해 제대로 대답하지 못할 거예요. 즉, 어른들도 '타우린이 뭘까?', '2,000mg이라면 많이 함유된 걸까, 적게 함유된 걸까?'에 대해 알아보지 않고 대충 '효과가 있겠지.'라고 생각하면서 마시고 있는 것이지요.

곰곰이 생각해 보면 '뭐지?'라고 의문이 드는 일들은 우리 주변에 무척 많아요. 의문이 들었다면 바로 알아보는 것이 좋아요. 이런 사소한 노력들이 쌓여 논리적 사고가 만들어지니까요.

'왜?'라는 생각이 들면 알아보자!

편의점의 피로 회복 음료 코너에 가 보니 타우린이 몇 mg 함유되어 있는지 쓰여 있었어. 당연히 많은 쪽이 좋은 제품일 거야.

이 음료 한 병에는 타우린이 1,000mg 함유되어 있습니다.

이 음료 한 병에는 타우린이 2,000mg 함유되어 있습니다.

타우린 2,000mg 쪽이 더 효과가 좋을 것 같으니, 이걸 사야겠네!

그런데 타우린이 뭔지는 알아? 그리고 2,000mg가 많은 거야, 적은 거야?

그러고 보니 타우린은 대체 뭐지? 몇 mg이면 효과가 있는 거야?

그리고 피로 회복 음료를 파는 회사도 '타우린 1,000mg'이 어떤 효과가 있는 건지 더 상세하게 써 놔야 한다고 생각해.

맞아. 타우린의 효과라든지, 어느 정도가 적당한 양인 건지 말이야. 조금 더 알아봐야겠어.

생각해 보자

- 생각해 보면 '잘 모르는 일들'이 주변에 많아. 어떤 것이 있는지 찾아보자.
- 예를 들면, 넥타이는 왜 하는 걸까?

광고에 현혹되지 말자! 의심하지 않으면 손해 본다

☆ '데이터'와 '논거'를 따지지 않으면 속는다

"단돈 20만 원에 비법 전수! 초간단! 누구나 쉽게 돈을 벌 수 있다!" 이와 같은 문구들은 인터넷에서 자주 볼 수 있는 것들로, 어느 정도의 돈만 내면 쉽게 돈 버는 방법을 알려 준다는 광고예요. 결론부터 말하자면, 대부분이 거짓말이에요. 쉽게 돈 버는 방법을 알고 있다면 그 방법으로 돈을 벌면 그만이기 때문에 다른 사람에게 돈을 받아 가면서 가르쳐 줄 필요가 없으니까요.

안타깝게도 세상에는 타인을 속이려는 사람이 많아요. 왜냐하면 위의 예처럼 '쉽게 돈을 벌 수 있다면 돈을 내고서라도 그 정보를 알아내고 싶어!'라고 생각해서 속는 사람들이 있기 때문이에요. 이럴 경우, '내가 만약 쉽게 돈을 버는 방법을 알고 있다면 굳이 다른 사람들한테 돈을 받아 가면서까지 그 방법을 가르쳐 줄까?' 하는 객관적인 생각을 해 보는 거예요. 그러면 '다른 사람한테 굳이 귀찮게 가르쳐 줄 필요가 있을까?', '그 방법으로 돈을 번다면 20만 원 정도는 눈 깜짝할 사이에 벌 텐데.'라는 이성적인 판단을 할 수 있어요. '세상에 공짜는 없다'는 걸 알고 있어도 속는 사람이 많은 이유는, '돈이 갖고 싶어!'라는 욕망에 눈이 멀어서 이렇게 말도 안 되는 광고의 '주장'만을 바라보고 이성적인 판단을 하지 못했기 때문이에요. 여러분은 논리적 사고를 키워 그렇게 속아 넘어가지 않도록 주의하도록 해요.

논리적 사고를 하면 속지 않는다!

단돈 20만 원에 비법 전수!

초간단! 누구나 쉽게 돈을 벌 수 있다!

쉽게 돈을 벌 수 있다고? 세뱃돈도 받았겠다, 20만 원이라면 나한테도 있어! 20만 원을 내고 100만 원을 벌면 갖고 싶은 걸 잔뜩 살 수 있겠다!

이거 좀 의심스럽지 않아? 간단히 돈을 벌 수 있다면서 왜 사람들한테 돈을 받아 가면서 그 방법을 가르쳐주는 걸까? 혼자서 그 방법으로 돈을 벌면 되잖아. '세상에 공짜는 없다'는 말도 있고.

 그건 그러네…… 내가 만약 쉽게 돈을 버는 방법을 알고 있다면 굳이 다른 사람들한테 돈을 받아 가면서까지 가르쳐 주진 않을 것 같아. 귀찮기도 하고…… 굳이 사람들을 가르치지 않아도 돈을 벌 수 있으니까……

욕심에 눈이 멀었을 때는 논리적 사고를 잊게 되니 꼭 주의하세요. '만약 내가 ~였다면'이라고 상상하면서 냉정하게 생각해 보면 이성적으로 판단할 수 있어요.

생각해 보자
- 그럴듯한 이야기에 속은 다음 생각해 보니 '이상하다'라고 느낀 적이 있을까?
- 우리 주변의 광고를 100% 다 믿고 있지는 않을까?

5 '찬성'과 '반대' 의견을 함께 나누면 상대방을 이해할 수 있다

☆ 다른 의견을 가진 사람과 대화하면 시야가 넓어진다

선생님이 반 친구들에게 "코로나 19 감염이 확산되고 있는데, 수학여행 가는 것에 찬성하니, 반대하니?"라고 물었어요. 여러분이라면 찬성할까요, 반대할까요? 같은 반 안에서도 아마 의견이 갈리겠지요.

그래서 찬성파와 반대파가 함께 이야기를 나누기로 했어요. 찬성파는 수학여행을 가야 하는 이유를 설명했고, 반대파는 수학여행을 가면 안 되는 이유를 들었어요. 이때 찬성파는 반대파가 수학여행을 반대하는 이유에 대해 알게 되고, 반대파도 찬성파의 찬성 이유를 듣게 될 거예요. 서로 생각이 다른 사람과 이야기하면 '그런 식으로 생각할 수도 있겠구나!' 하고 시야가 넓어지고, 상대방이 왜 그렇게 생각하는지 이해할 수 있게 돼요. 때에 따라서는 내가 미처 생각하지 못했던 점을 알게 되어 의견이 바뀔 수도 있어요. 나와 다른 생각을 하는 사람을 설득할 때도 상대방의 생각을 알아야 더 설득하기도 쉽지요.

만약, 여러분이 자신의 의견 외에 다른 의견을 들으려 하지 않는다면 상대방이 여러분의 말을 듣지 않는다고 해도 불평할 자격이 없어요. 뿐만 아니라, 반대 의견을 듣지 않으면 그 의견에서 얻을 수 있는 소중한 가르침 또한 얻지 못하게 된답니다.

반대 의견을 듣는 것이 중요

서로의 의견을 듣지 않으면……

- 나와는 다른 사고방식을 배울 수 없다.
- 토론이 진행되지 않는다.
- 상대방의 생각을 알 수 없어서 설득하기 어렵다.

서로의 의견을 들으려고 하면……

- 나와는 다른 사고방식을 배울 수 있다.
- 토론이 원활하게 진행된다.
- 상대방의 생각을 알았으니 설득할 수 있다.

세상에는 나와 다른 생각을 하는 사람들도 많아요. 만약 여러분이 나와 다른 의견을 가진 사람들의 이야기를 듣지 않으려고 한다면, 반대의 경우에도 불평할 수 없어요. 그건 싫지 않나요?

생각해 보자
- 나와 다른 의견을 가진 사람들의 이야기를 잘 듣고 있을까?
- 모든 사람들이 다른 의견에 귀를 기울이지 않으면 어떻게 될지 상상해 보자.

6 논리적인 사람은 자기 자신의 옳고 그름을 판단한다

☆ '셀프 디베이트'로 자기 자신을 의심하자!

아무리 머리가 좋은 사람이라도 실수를 하는 날이 있기 마련이에요. 누구나 실수는 하기 싫은 법이지만, 그래도 실수를 하고 말지요. 실수하더라도 같은 실수를 반복하지 않도록 하면 괜찮답니다. 틀린 수학 문제를 보고 '평소에는 이런 실수 안 하는데!' 하고 낙담했던 적이 있을 거예요. 이런 실수를 없애려면 어떻게 하면 좋을까요? 아무리 자신 있게 풀었더라도 틀린 부분이 없는지 검산해 보는 것이지요. 논리적인 사람은 무언가를 생각할 때 언제나 검산을 해요. '내 생각이 과연 맞을까?' 하고 자문자답하며, 되도록 객관적인 시각에서 스스로의 생각을 판단하는 거예요.

특히 자신감으로 가득 차 있을 때는 자기도 모르게 방심하게 되니 꼭 주의하도록 해요. 그럴 때일수록 실수할 위험성이 커지므로 '셀프 디베이트(오른쪽 페이지)'를 통해 옳고 그름을 판단하는 습관을 들여 보세요.

또 실패를 두려워하면 안 돼요. 실패하더라도 같은 실패를 반복하지 않도록 하는 해결책을 생각하면 되거든요. 실패를 두려워하면 결코 도전할 수 없어요. 도전하지 않는 것은 너무 안타까운 일이에요. 도전을 통해 실패도 맛보면서 많은 교훈을 얻을 수 있거든요.

셀프 디베이트란?

>> 혼자서 찬성파와 반대파 양쪽의 입장이 되어 하나의 주제에 대해 토론하는 일

셀프 디베이트의 예

지금 내가 생각하는 일(주제 정하기) → '포켓몬 카드'를 갖고 싶어.

찬성파인 나 / 반대파인 나

찬성파인 나: 지금 엄청 유행 중이라 다들 몇 장씩은 갖고 있으니까 나도 갖고 싶어. 나만 없으면 소외될 것 같기도 하고……

반대파인 나: 정말 갖고 싶은 거라면 친구가 가지고 있는지 아닌지는 크게 중요하지 않을 거야. 혹시 소외되는 게 싫은 건 아닐까?

찬성파인 나: 정말 가지고 싶은 건 친구들이 가지고 있는지 아닌지와는 상관없이 사긴 했지. 하지만 소외될까 봐 두려운 건 사실이야.

반대파인 나: 만약 친구가 '포켓몬 카드'를 가지고 있지 않으면, 그 친구를 따돌릴 거야?

찬성파인 나: 그런 이유로 친구를 따돌릴 리가 없지. 반대로 생각하면 내가 가지고 있지 않다고 해서 소외될 리 없으니 일단 사지 말고 지켜보자.

셀프 디베이트는 내가 맞았는지 아닌지 확인할 수 있을 뿐 아니라, 어떤 결정을 내릴지 고민될 때에도 도움이 된답니다.

생각해 보자
- 실수가 두려워, 아니면 두렵지 않아?
- 자신감이 넘쳐서 실패하고 말았던 경험이 있을까?
- 실패했을 때는 어떤 점을 배울 수 있을지 생각해 보자.

생각 뿜뿜

누가 방귀를 뀌었을까?

어머, 누군가 방귀를 뀌었나 봐요. A는 "B가 방귀를 뀌었어요."라고 말하고, B와 C는 횡설수설했어요. 여기서 방귀를 뀐 사람은 A, B, C 중 한 명이고, 방귀를 뀐 사람만이 진실을 말하고 있지요.

그렇다면 대체 누가 방귀를 뀌었을까요? '정보가 너무 적어서 알 수 없어!'라는 생각이 들지도 몰라요. 그런데 잘 생각해 보면 방귀를 뀐 사람을 유추할 수 있답니다.

여기서 중요한 점은 "방귀를 뀐 사람만이 진실을 말하고 있어요."라는 부분이에요. 즉, '방귀를 뀌지 않은 사람은 거짓말을 하고 있다.'는 것이에요.

만약 A의 말이 진짜라면 A는 방귀를 뀐 장본인이어야 해요. 그런데 A는 "B가 방귀를 뀌었어요."라고 말했기 때문에 A의 말은 거짓이에요. 즉, B는 방귀를 뀌지 않았으니 C가 방귀를 뀐 범인이지요.

이제 이해가 되었나요? 머리가 복잡해서 이해가 잘 되지 않는다면, '범인은 C'라는 것을 이해할 때까지 잘 생각해 보아요.

제6장

'편견'은 논리적 사고를 방해한다

1 습관적 사고에 대한 이해를 넓히자

☆ 누구나 습관적 사고를 한다

손톱을 물어뜯는 사람에게 "왜 손톱을 물어뜯는 거야?"라고 물어보면 "이유는 모르겠는데, 그냥 습관이야."라고 대답할 때가 많아요. 이유는 모르지만 같은 말을 내뱉는 말버릇이 있는 사람도 있지요. 생각을 할 때도 마찬가지랍니다. '이유는 모르겠지만 그렇게 생각하게 되네.'라는 습관적 사고를 하는 경우도 있어요. 숙제를 항상 미루는 습관을 가진 자신이 싫지만, 자기도 모르게 '아직은 괜찮아.' 하고 숙제를 또 미루고는 '나는 게으름뱅이인가 봐.' 하고 고민하는 친구는 정말 게으름뱅이일까요? 어쩌면 이유는 모르지만 그 친구가 자꾸 숙제를 미루는 이유는 '아직은 괜찮아.' 하고 생각하고 마는 습관적 사고 때문일지도 몰라요. '반 친구 모두와 친해지고 싶어. 그런데 애들이 나를 싫어하는 것 같아.'라고 고민하는 친구도 사실은 이렇게 생각하는 습관이 있는 것일지도 몰라요. 주변을 살펴보면 반 친구 모두와 친한 사람보다는 친한 몇 명과 무리를 만들어 노는 친구가 더 많다는 걸 알 수 있을 거예요. '살펴보니 반 친구 모두와 친하게 지내는 아이는 없네.'라는 사실을 알게 되면 '애들이 나를 싫어하나 봐.' 하고 고민할 필요도 없겠지요.

자신도 모르게 무의식적으로 생각하고 마는 습관을 고치기는 사실 쉽지 않아요. 그보다는 먼저 자신이 습관적 사고를 하고 있다는 사실을 깨닫는 것이 가장 중요하답니다.

대표적인 습관적 사고

① 흑백논리
흑과 백으로만 구분하고, 완벽하지 않으면 의미가 없다고 생각한다.
예) 수학 시험에서 100점을 못 받으면 아무 의미 없어.

 왜 100점이 아니면 의미가 없어? 그렇지 않아!

② 부정적 사고
모든 일을 부정적으로 생각한다.
예) 일이 잘 풀리면 '우연', 실패하면 '역시'라고 생각한다.

 성공도 실패도 모두 자신의 실력에 따른 결과인데, 실패했을 때만 실력 때문이라고 생각하는 것은 이상해.

③ 'OO해야 해' 사고
'~해야 해', '~하지 않으면 안 돼'라고 생각한다.
예) 나는 모두와 친해져야만 해.

 누구에게나 잘 맞는 사람과 그렇지 않은 사람이 있어. 자기 스스로를 너무 옭아매지는 마.

④ 낙인 사고
'저 사람은 OO한 사람', '나는 OO한 사람'이라고 정해 버린다.
예) 저 사람은 A형이니까 꼼꼼해.

 A형 중에는 꼼꼼한 사람도 있지만, 그렇지 않은 사람도 있어. 멋대로 정하는 건 옳지 않아.

⑤ 예측 사고
'어차피 OO일 게 뻔해'라고 결과를 정해 버린다.
예) 어차피 나는 다음 시합에서 질 게 뻔해.

 해 보지 않으면 알 수 없어. 왜 처음부터 포기하는 거야?

 이 중에 여러분에게도 해당되는 습관적 사고가 있나요? 왜 그렇게 생각하게 되는지 셀프 디베이트(92페이지)해 보아요.

생각해 보자
- '편견' 때문에 실패한 적은 없을까?
- '이유는 모르겠지만 자꾸 그렇게 생각하게 돼.'라는 나의 또 다른 습관적 사고가 있을까?

2 '바이어스(Bias)'는 논리적 사고의 적이다

☆ 인간은 여러 가지 '편견'에 사로잡힌다

'편견'은 논리적 사고의 적이에요. 편견에 사로잡히면 자신이 틀렸다는 것을 인지하지 못한 채 살아가기 때문에 아주 골치 아픈 상황이 발생하기도 해요.

'편견'과 '선입견' 등의 편향된 시각을 영어로는 '바이어스(Bias)'라고 하기도 해요. 인간이라면 누구나 다양한 편견의 함정에 빠지곤 해요. 아마 여러분도 근거 없는 편견이나 선입견을 가지고 멋대로 판단했던 경험이 있을 거예요. 또 편견으로 인해서 합리적이지 못한 판단을 내린 적도 있을 테고요. 이처럼 편견은 논리적 사고를 방해하는 요소예요. 따라서 우리는 이러한 '편견'을 제거할 필요가 있답니다. 편견을 없애려면 되도록 많은 정보를 모으고, 이 정보를 바탕으로 한 사실에 근거하여 생각하는 습관을 들여야 해요.

인간이 빠지기 쉬운 편견의 함정에는 몇 가지 패턴이 있어요. 이것을 잘 알아두면 '편견'을 배제하는 데 도움이 될 거예요. 100페이지부터는 오른쪽 페이지에서 다룬 대표적인 편견에 대해 더 상세히 설명할 거예요. 아마 여러분도 '앗, 나도 이런데!' 하는 생각이 드는 항목이 있을 거예요.

편견에는 여러 종류가 있다!

》 확증 편향 →100페이지
내 생각이나 상황에 맞는 정보만 모은다.

》 확증 편향 →100페이지
내 생각이나 상황에 맞는 정보만 모은다.

》 사후 과잉 확신 편향 →102페이지
'역시 그럴 줄 알았어' 하고 일이 일어난 후에 자기 스스로를 정당화한다.

》 정상화 편향 →104페이지
'나는 괜찮아'라고 멋대로 생각한다.

》 내집단 편향 →108페이지
내가 속한 집단을 '대단해', '우수해'라고 생각한다.

》 동조성 편향 →110페이지
다수의 의견을 '옳다'고 생각한다.

》 앵커링 효과 →112페이지
한 번 본 기준이 판단을 내리기 위한 기준이 되어 버린다.

사람은 누구나 '편견'과 '오해'를 하면서 살아가요. 여기서 소개한 일곱 가지 편향은 여러 편견 중의 일부분이에요.
이 외에도 어떤 편견이 있는지 스스로 알아보도록 해 보아요.

생각해 보자
- 어른들에게 '편견'에 대해 알고 있는지 물어보자.
- 왜 이런 '편견'을 가지고 있는지, 스스로를 이상하게 생각한 적은 없을까?

3 내 마음대로 생각하는 '확증 편향'

☆ 누구나 자기 마음대로 생각하고 싶어 한다

'A형은 꼼꼼해.', 'B형은 별종이야.'처럼 혈액형과 성격이 관련 있다고 믿는 사람이 적지 않아요. 그런데 사실 다른 나라에서는 혈액형과 성격을 관련지어서 생각하지 않는 사람이 더 많답니다. 혈액형과 성격이 서로 관련이 없다는 사실은 이미 연구를 통해서도 밝혀졌거든요. 그래도 여전히 사람들은 혈액형과 성격이 관련 있다고 생각하고 싶은 모양이에요. 어떤 사람의 꼼꼼한 면만 보고 "역시 꼼꼼해서 A형일 줄 알았어."라고 말하곤 하니까요. 이렇게 자기 입맛에 맞는 정보만을 모으려는 경향을 '확증 편향'이라고 불러요. 이 '확증 편향'의 늪에 빠지면 A형인 사람의 꼼꼼하지 못한 면을 봐도 못 본 체하고 만답니다. A형인 사람의 꼼꼼하지 못한 면을 보면, 내가 믿고 싶은 '혈액형과 성격은 관련이 있다'라는 가설이 성립하지 않으니까요.

인간은 누구나 '확증 편향'을 가지고 살아가요. 그렇기 때문에 논리적인 사고를 하는 사람일수록 스스로 생각하는 바가 '정말 맞을까?' 하는 의문을 품는답니다. 이 의문을 해소하기 위해 책에서 정보를 찾거나, 다른 의견을 가진 사람과 대화를 하지요. 틀린 사실과 편견의 늪에 빠지지 않기 위해서는 이러한 작은 노력들이 필요하답니다.

'확증 편향'이란 대체 뭘까?

확증 편향

자신의 바람, 신념을 뒷받침하는 정보만 보거나 중시하고, 이와 반대되는 정보는 보려 하지 않거나 배제하는 일

A형, B형, AB형, O형의 단 네 가지 혈액형으로 수많은 사람을 분류하다니, 잘 생각해 보니 조금 억지스러운 것 같아……

확증 편향에 빠지지 않기 위한 대책

- ☑ 나에게도 '확증 편향'이 있다는 것을 인정하기
- ☑ 나와 다른 의견도 잘 듣기
- ☑ 내 생각과 비슷한 정보만 표시해 주는 인터넷 외의 매체에서 정보 모으기
- ☑ 근거가 되는 수치와 데이터를 알아보는 습관 들이기
- ☑ 정말 그런지 실제로 확인해 보기

생각해 보자
- 내 생각에 들어맞지 않는 정보를 보고도 못 본 체한 적이 있을까?
- '확증 편향'에 빠지지 않기 위해서는 어떻게 하면 좋을지 생각해 보자.

예측 가능하다고 생각하는 '사후 과잉 확신 편향'

☆ 실패가 반복될 때 특히 주의하자!

사건이 벌어진 후 '역시 그럴 줄 알았어.'라고 생각한 적이 있지 않나요? 예를 들어, 월드컵에서 우리나라가 축구를 잘하는 국가와 시합하게 되었을 때 '분명 이길 수 있을 거야.'라고 생각했어요. 그런데 우리나라가 지자 '그럴 줄 알았어. 저 나라는 강하니까.'라며 마치 처음부터 '패배'할 것을 예상한 것처럼 내 마음대로 사실을 왜곡하거나 기억을 조작하는 거예요.

이렇게 사건이 벌어진 뒤에 그 사건의 결과가 '예측 가능했다'고 생각하는 것을 '사후 과잉 확신 편향'이라고 불러요. 가장 골치 아픈 것은 실패한 이후의 '사후 과잉 확신 편향'이에요. 실패할 것을 미리 알았더라면 굳이 실패할 행동을 할 리가 없었겠지요. 그런데도 '역시 안 되네……. 어차피 실패할 줄 알았어.'라며 이상한 변명을 하면서 스스로의 실패를 덮어 버리는 거예요. 이렇게 생각하는 사람은 자신의 실패를 제대로 인정하지 않고 이후에도 똑같은 실패를 반복하게 돼요. 그리고 그때마다 '역시 그럴 줄 알았어.'라며 변명하지요.

실패에는 분명 원인이 있어요. 논리적인 사람일수록 실패의 원인을 객관적으로 알아내서 같은 실패를 반복하지 않도록 한답니다.

'사후 과잉 확신 편향'이란 대체 뭘까?

사후 과잉 확신 편향

사건이 일어나기 전에는 그렇게 생각하지 않았음에도, 사건이 일어난 뒤에 '이렇게 될 줄 알았어.'라며 마치 처음부터 그렇게 예측했던 것처럼 생각하는 일

> 절대로 그렇게 생각하지 않았으면서 나중에 "그럴 줄 알았어."라고 말하는 친구가 있는데, '사후 과잉 확신 편향'에 대해서 알려 줘야겠어.

사후 과잉 확신 편향에 빠지지 않기 위한 대책

- ☑ 사후 과잉 확신 편향에 빠지기 쉽다는 것을 이해하기
- ☑ '나는 틀리지 않았어.'라고 생각하려는 경향이 있다는 것을 인식하기
- ☑ 인간의 기억은 생각보다 모호하다는 것을 의식하기
- ☑ '역시 그럴 줄 알았어.'라는 생각이 들 때는 왜 그런 생각을 하게 됐는지 살펴보기
- ☑ 일어날 수 있는 다른 가능성에 대해서도 생각하기

생각해 보자
- 어떤 일이 일어났을 때, 처음에는 그렇게 생각하지 않았으면서 '그럴 줄 알았어.'라고 생각한 적이 있을까?
- 실패했을 때는 왜 실패했는지에 대해 생각하고 있을까?

5 '괜찮을 거야'라고 생각하는 '정상화 편향'

☆ 인간은 위험한 상황에서 '괜찮을 거야'라고 생각한다

2011년 3월, 동일본대지진의 발생으로 1만 5,899명이 희생되었어요. 이 중 대부분이 지진해일로 인한 피해로 목숨을 잃었지요. 그런데 지진해일이 눈 깜짝할 사이에 닥친 것은 아니었어요. 지진이 일어난 후 해일이 연안 지역에 도달하기까지는 30분~1시간 정도의 시간이 있었어요. 그런데 대피 경보가 울렸음에도 많은 사람들이 '괜찮을 거야'라는 생각에 곧바로 대피하지 않았어요. 이렇게 위험한 상황에서도 '그런 일은 벌어지지 않을 거야.'라며 지금 일어나고 있는 일을 과소평가하거나, 보고도 못 본 체하면서 '나는 괜찮아.'라고 생각하는 경향을 '정상화 편향'이라고 해요.

코로나 19 관련 뉴스를 보면서 '나는 괜찮을 거야.'라고 생각했다면, 그것 또한 '정상화 편향'일 수 있어요. 인간이 이렇게 '정상화 편향'에 빠지는 이유는 위기 상황에 침착하게 대응하려는 심리가 있기 때문이에요. 하지만 위의 상황처럼 재해가 일어났을 때 '괜찮을 거야'라는 생각에 대응이 늦어지면 목숨을 잃을지도 몰라요. 요즈음 대부분의 학교에서는 화재나 지진 등의 재해에 대비해서 대피 훈련을 하고 있어요. 이런 훈련은 비상시에도 '정상화 편향'에 빠지지 않고 정확하게 상황을 판단해서 행동할 수 있도록 하기 위한 연습이랍니다.

'정상화 편향'이란 대체 뭘까?

정상화 편향

예기치 못한 상황이 닥쳤을 때, '그런 일은 일어나지 않을 거야.'라는 선입견 또는 편견을 가지고 '나는 괜찮을 거야.'라고 생각하는 일

> 동일본대지진 당시, 지진해일을 미처 피하지 못하고 희생된 사람들이 많았던 이유는 '정상화 편향' 때문이었다는 이야기가 있어. '괜찮을 거야'라고 생각될 때는 꼭 주의해야겠어!

정상화 편향에 빠지지 않기 위한 대책

- ☑ 정상화 편향에 빠지기 쉽다는 것을 이해하기
- ☑ 평소에도 최악의 상황을 상상해 보기
- ☑ 위기 상황이 닥쳤을 때를 대비해 훈련받기
- ☑ 위기가 닥쳤을 때 어떻게 하면 좋을지 생각해 보기
- ☑ 대응이 늦어지면 안 되므로 신속하게 행동하기

생각해 보자
- 근거도 없이 '괜찮을 거야'라고 생각해서 큰일이 날 뻔했던 경험이 있을까?
- 위기 상황을 상상하면서 대피 훈련을 받고 있을까?

6 낙관적으로 생각하고 마는 '계획 오류'

☆ 인간은 낙관적인 예측을 하기 쉽다

방학 숙제를 계획적으로 하는 친구들도 있지만, 미루고 미루다가 한 번에 처리하는 친구들도 많을 거예요. 그런 친구들은 방학이 끝날 무렵이 되면 산처럼 쌓여 있는 숙제를 보고 절망하면서 '내년에는 꼭 계획적으로 해야지!' 하고 마음속으로 다짐하곤 하지요. 그런데 막상 내년이 되어도 과거의 기억과 다짐을 깡그리 잊은 채 같은 실수를 반복하고 만답니다. 이렇게 낙관적인 예측과 계획을 세우는 편견을 '계획 오류'라고 불러요. 계획 오류의 원인은 계획이 이상적으로 진행될 것이라는 전제로 계획을 세우는 데 있어요. 우리는 컨디션이 좋은 날이 있으면 안 좋은 날도 있다는 것을 알지만, 이상하게도 계획을 세울 때는 계속 컨디션이 좋을 것이라는 전제를 두고 마는 것이지요. 여러분도 분명 이런 경험을 해 본 적이 있을 거예요.

이러한 계획 오류를 피하기 위해서는 논리적 사고가 필요해요. 이제 '계획 오류'에 대해 알게 되었으니 '하루에 5페이지 정도 풀 수 있으니 30페이지는 6일 만에 끝낼 수 있을 거야.'라고 생각하지 않고, '컨디션이 좋을 때는 하루에 5페이지 정도 풀 수 있지만, 평균적으로는 3페이지 정도 풀 수 있겠지. 총 30페이지를 풀어야 하니 적어도 10일은 걸리겠어.'라고 생각하는 습관을 들이는 거예요.

'계획 오류'란 대체 뭘까?

계획 오류

과거에 계획대로 진행되지 않아 실패한 경험이 있음에도,
새로운 계획을 세울 때 낙관적으로 예측하여 계획을 세우는 경향

'여유롭게 끝나겠네.'라고 생각했는데도 항상 시간이 초과되거나 모자랐던 건 '계획 오류' 때문이었구나!

계획 오류에 빠지지 않기 위한 대책

- ☑ 나에게 '계획 오류'의 경향이 있다는 것을 인정하기
- ☑ 한 가지 일에 어느 정도의 시간이 걸렸는지 측정해 보고, 나의 예상과 비교해 보기
- ☑ 컨디션이 안 좋을 때도 있으므로, 이상적으로 진행되는 것을 전제로 계획을 세우지 않기
- ☑ '계획대로 진행되지 않는다'는 것을 염두에 두고 시간적 여유를 두고 계획하기
- ☑ 계획이 예정대로 진행될 것 같은지 다른 사람에게 확인해 달라고 하기

생각해 보자
- 방학 숙제를 계획대로 진행하고 있을까?
- 예정대로 진행된 적이 없으면서도 이상적으로 진행될 것을 전제로 두고 계획을 세우고 있지는 않을까?

7 우리 편만 드는 '내집단 편향'

☆ 인간은 '우리'를 편애하게 된다

우리 반이 옆 반보다 '대단하다'고 생각한 적이 있지 않나요? 만약 그렇다면 '우리가 더 우수해.'라고 생각하는 경향인 '내집단 편향'과 관계가 있을지도 몰라요. '내집단'이란, 자신이 속한 집단을 말해요. 대부분의 사람은 자신이 속하지 않은 '외집단'과 비교해서 내집단을 더 높게 평가하는 경향이 있어요. 예를 들어, 운동회에서 반 대항 계주 시합을 했을 때 우리 반이 이기면 당연히 '우리 반이 최고야!'라고 생각하겠지요. 그런데 다른 반이 우승했을 때 '다른 반도 대단하다!'가 아니라, '다른 반은 운이 좋았을 뿐이야.'라고 생각하며 '내집단'을 편향된 시각으로 바라보며 현실보다 높게 평가하거나 '외집단'을 필요 이상으로 깎아내리는 것이에요.

'내집단 편향'은 국가, 지역, 학교, 회사 등 다양한 집단에서 일어나요. 내가 속한 집단을 편애하는 일은 어찌 보면 자연스러운 일이에요. 하지만 '우리나라가 최고야!', '우리 동네가 최고야!', '우리 학교가 최고야!'와 같은 생각을 하게 될 때는 '혹시 이건 내집단 편향이 아닐까?' 하는 의심을 하면서 내집단과 외집단을 객관적으로 보도록 노력해야 해요. 내집단을 편애하는 마음이 강해지면 외집단을 무조건적으로 차별하거나 배척할 수 있으니 꼭 주의해야 한답니다.

'내집단 편향'이란 대체 뭘까?

내집단 편향

다른 집단(외집단)과 비교해서 같은 집단(내집단)에 속한 사람을 높이 평가하거나 편애하는 경향

함께 겨뤄 본 적도 없으면서 다른 반보다 우리 반이 무조건 더 축구를 잘할 거라고 생각한 건 '내집단 편향'의 영향일지도……

내집단 편향에 빠지지 않기 위한 대책

- ☑ 내집단 편향에 빠지기 쉽다는 것 이해하기
- ☑ '우리는 정말 대단한가?'에 대해 의문 품어 보기
- ☑ 수치 등을 이용해 내집단과 외집단을 객관적으로 비교해 보기
- ☑ 내집단의 우수한 부분과 외집단의 부족한 부분을 비교하지 않도록 주의하기
- ☑ 제3자의 의견에 귀 기울이기

생각해 보자
- '우리가 최고야'라고 생각한 적이 있을까?
- 우리를 편향된 눈으로 바라보면 어떤 일이 생길지 생각해 보자.

8 모두와 같다면 괜찮아!? '동조성 편향'

☆ 다른 사람과 의견이 같다면 안심은 되지만……

선생님이 문제를 내고 학생들에게 몇 번을 답으로 골랐는지 손을 들게 했어요. 내가 고른 답에 손을 든 학생이 얼마 없다면 '틀렸나 보다' 하고 불안해지고, 반대로 손을 든 학생이 많으면 안심이 될 거예요. 사람은 주어진 상황에서 어떻게 하면 좋을지 알 수 없을 때, 다른 사람의 행동이 정답인지도 모르면서 그들과 같은 행동을 하려는 경향이 있어요. 많은 사람들 속에 속해 있으면 왠지 모르게 안심이 되거든요. 이런 경향을 '동조성 편향'이라고 불러요. 104페이지에서 '정상화 편향'에 대해 설명하면서, 동일본대지진 당시 신속하게 대피하지 못한 사람들이 많았다고 이야기했어요. 이때, '정상화 편향'과 함께 '동조성 편향'도 영향을 미쳤다는 평가가 있어요. '안전하게 높은 지대로 대피해야 해.'라고 생각한 사람도 물론 있었지만, '모두 대피하지 않으니까.'라며 주변 사람들과 같은 행동을 한 결과, 미처 대피하지 못했던 거예요.

조화를 중요시하는 동양인들은 주변 사람과 같은 행동을 하려는 경향이 강하다고 해요. 이를 반대로 이용해서 재난 상황 시 솔선수범하여 대피해 '다들 대피하니까 나도 가야지.'라는 생각을 할 수 있도록 이끌면 모두가 안전하게 행동할 수 있어요. 동조성 편향은 이렇게 역이용하면 긍정적인 결과를 이끌어 낼 수도 있답니다.

'동조성 편향'이란 대체 뭘까?

동조성 편향

어떻게 행동해야 할지 고민이 될 때 '다수의 의견이나 행동을 따르는 것이 옳은 방법'이라고 판단하는 경향

> 코로나가 이렇게 심각한데도 다 같이 모여서 술을 마시는 어른들을 TV에서 봤어.
> 무척 위험하다고 생각해.
> '동조성 편향'과 '정상화 편향'이 너무 심한 게 아닐까?

내집단 편향에 빠지지 않기 위한 대책

- ☑ 모두 같은 행동을 하면 안심하게 되는 '동조성 편향' 이해하기
- ☑ 모두 같은 행동을 하는 일이 반드시 옳은 일이 아니라는 것 이해하기
- ☑ 논리적 사고, 올바른 판단력을 기르기 위해 매일 노력하기
- ☑ 주변의 분위기에 휩쓸려 의견을 바꾸지 않도록 자기 생각에 대한 자신감이 생길 때까지 생각하기
- ☑ 자신이 옳다고 생각하는 일에는 솔선수범하여 행동할 수 있는 용기 기르기

생각해 보자
- '다른 사람들과 같다'는 걸 알고 안심한 적이 있을까?
- 내 생각이 옳다고 생각하지만, 다른 사람들과 의견이 다르다는 걸 알고 의견을 바꾼 적이 있을까?

가장 처음 접한 정보의 영향을 받는 '앵커링 효과'

☆ '할인' 표시를 보면 사고 싶어진다?

슈퍼마켓에 통조림을 사러 갔는데 '5,000원'이라고 적힌 가격표 위에 '3,000원'이라는 할인 스티커가 붙어 있다면 어떤 생각이 들까요? 아마 '할인 중이니까 이득이야!'라는 생각을 할 거예요. 그렇다면 만약 같은 제품이 처음부터 '3,000원'이라고 쓰여 있었다면 어땠을까요? 아마 '5,000원'에서 할인된 가격일 때보다는 이득이라는 생각이 덜 들겠지요. 둘 다 판매 가격은 3,000원으로 동일한데도 느끼는 바는 각각 다를 거예요.

이렇게 처음 봤던 기준에 따라서 인상이 바뀌는 것을 '앵커링 효과'라고 해요. 슈퍼마켓 측에서도 '앵커링 효과'를 이용해 원래 가격보다 싸게 판매한다고 하면 고객들이 더 많이 구매하리라 생각해서 할인 스티커를 붙였는지도 몰라요. 이러한 할인 전략에 낚여서 '싸게 파니까 사야겠다'는 생각이 들 때는 '정말로 필요한가?'라고 자문자답해 보세요. 할인한다는 이유로 필요도 없는 물건을 산다면 그것은 결국 이득이 아니니까요.

한편, '앵커링 효과'를 역이용할 수도 있어요. 만약 약속 시간에 10분 정도 늦을 것 같을 때, 조금 더 보태서 "20분 정도 늦을 것 같아요."라고 상대에게 말해 보세요. 그러면 10분이나 늦었는데도 '20분'보다는 빨리 왔다는 생각이 들어서 상대방도 크게 기분 나빠하지 않을 거예요.

'앵커링 효과'란 대체 뭘까?

앵커링 효과

앵커(영어로 '닻'이라는 의미)라고 불리는 최초의 수치와 조건이 기준이 되어 이후의 판단에 영향을 미치는 경향

약속 시간에 늦을 것 같을 때 '앵커링 효과'를 써 봐야지라는 생각이 들겠지만, '계획 오류(106페이지)'에 빠지지 않도록 항상 조심해야 해.

앵커링 효과에 빠지지 않기 위한 대책

- ☑ 인간은 가장 처음 제시된 기준의 영향을 받기 쉽다는 것 이해하기
- ☑ 맨 처음의 기준이 없었다면 어떤 판단을 내렸을지 생각해 보기
- ☑ 판단하기 어렵다면 바로 결정하지 말고 침착하게 생각해 보기
- ☑ 시간이 있을 때 처음 제시된 기준에 대해 알아보기
- ☑ 자신만의 합리적인 기준으로 상황을 판단하도록 연습하기
- ☑ 제3자의 의견에 귀 기울이기

생각해 보자
- 우리 주변에서 경험할 수 있는 앵커링 효과에 대해 알아보자.
- 저렴해서 샀는데 나중에 보니 '필요 없는 걸 샀어.'라는 생각이 든 적이 있는지 어른들에게 물어보자.

생각 뿜뿜

어느 선이 더 길까?

아래 그림의 빨간 선과 파란 선 중, 어느 선이 더 길까요? 깊이 생각하지 말고 직감으로 한 번 골라 보세요. 아마 빨간 선이 더 길어 보일 거예요.

사실 정답은 '둘 다 같은 길이'랍니다. 정답을 보고 '말도 안 돼! 거짓말이야!' 하고 의심하는 것도 중요해요. 믿기지 않는 친구들은 자를 가져와서 직접 재 봐도 좋아요.

자로 재 보면 두 선의 길이가 완전히 똑같다는 것을 알 수 있을 거예요. 이 문제는 '뮐러-라이어 착시'라고 불리는 아주 유명한 착시 현상과 관련이 있어요. 우리의 눈을 통해 직접 보았으니, 내가 본 대로 빨간 선이 무조건 더 길다고 생각할 수 있어요. 하지만 이 뮐러-라이어 착시 현상으로 알 수 있는 것처럼, 보이는 것이 다가 아니라는 것도 알아 두도록 해요.

— 제 **7** 장 —

논리적 사고를
무기로 삼기 위해
필요한 마음가짐

1 남의 얘기를 듣지 않으면 아무도 내 얘기를 들어 주지 않는다.

☆ 상대방이 어떻게 생각할지 상상하면서 이야기하자!

친구와 대화할 때 친구만 일방적으로 이야기를 한다면 어떤 기분이 들까요? 아마 그렇게 기분이 좋지는 않을 거예요. 점점 친구의 이야기에 집중하고 싶은 마음도 들지 않을 테고요. 나쁜 의도는 없지만, 상대방의 말을 자르면서 자기가 하고 싶은 이야기를 하는 친구들도 있어요. 또한 다른 사람이 한 말에 대해 습관적으로 "아니, 그게 아니라……"라고 부정적인 대답을 하는 친구도 있지요. 이런 태도와 말투는 분명 상대방의 기분을 나쁘게 할 수 있답니다. 만약 '나도 그럴 때가 있는데' 하는 생각이 든다면, '예스벗(Yes but) 화법'으로 이야기해 보세요.

상대방이 내 이야기를 들어 주지 않는다면, 나도 상대방의 이야기를 듣고 싶지 않아져요. 그건 상대방도 마찬가지예요. 남이 내 이야기를 들어 주었으면 한다면, 먼저 남의 이야기부터 잘 들어야 해요. 이것이야말로 토론을 올바른 방향으로 이끌어 가는 가장 기본적인 요소랍니다.

알아 두면 좋은 말

예스벗 화법

상대방의 의견에 "Yes(응)"이라고 긍정한 후, "but(그런데)"로 부정하는 대화법이에요. 상대방의 의견에 반대할 때, 이를 바로 부정하지 않고 "맞아, 그런데 나는 이렇게 생각해."라고 표현하면 내 의견을 좀 더 부드럽게 전달할 수 있어요.

상대방의 이야기를 잘 듣자!

생각해 보자
- 상대방이 내 말을 들어 주지 않으면 어떤 기분이 들까?
- 다른 사람의 의견을 무조건 부정하고 있지는 않을까?

2 '좋은 의견'과 '좋아하는 사람'을 구분하자

☆ 상대방에 대한 호감도의 영향을 받지 않도록 주의하자!

'나는 저 친구가 싫어. 그러니까 저 친구의 의견에 찬성하고 싶지 않아.' 이런 생각을 한 적이 있을까요? 마음이 맞는 친구가 있다면, 맞지 않는 친구가 있는 것도 당연한 일이에요. 모든 친구들과 사이좋게 지내는 것은 이상적인 일이지만, 그것이 쉽지 않다는 것은 여러분도 잘 알고 있을 거예요.

어느 날, 학급 회의에서 '교내 합창 콩쿠르에서 무슨 노래를 부를까?'라는 의제로 토론을 하게 되었어요. 이때, 나와는 그렇게 친하지 않은 A가 손을 들고 "「에델바이스」가 좋다고 생각합니다."라고 제안했어요. 나는 「에델바이스」는 나도 무척 좋아하는 노래지만, A에게 찬성표를 던지고 싶지는 않아.'라는 생각과 함께 '나랑 친한 B가 제안한 노래인 「Oh, Happy Day」에 손을 들어야겠다.'고 생각했어요. 이렇게 발언자에 대한 내 호감도에 따라 의견을 바꾸는 것이 과연 논리적이라고 말할 수 있을까요? 합창 콩쿠르에서 정말로 좋아하는 노래를 부르고 싶은데, A의 의견에 동의하고 싶지 않다는 마음에서 좋아하지도 않는 노래를 선택한다면 나에게 어떤 이득이 있을까요?

논리적인 사람은 '상대방에 대한 호감도'와 '의견의 좋고 나쁨'을 구분해서 생각하고, '그 사람을 좋아하는지 아닌지'에 따라서 자신의 의견을 바꾸지 않는답니다.

내 의견을 확실히 정하자!

생각해 보자
- 싫어하는 사람 때문에 내 의견을 바꾼 적이 있을까?
- 싫어하는 사람이 말한 좋은 의견을 받아들일 수 있을까?

3 여러 의견이 있어서 '세상'은 재밌있다!

☆ 세상에는 다양한 생각을 가진 사람들이 있다

유튜브에 모두 같은 내용의 영상들만 있다면 어떨까요? 금방 질려서 안 보게 되겠지요. 여러 종류의 다양한 영상이 있기 때문에 재미를 느끼고, 부모님께 혼날 때까지 보기도 하는 거겠지요.

그렇다면 세상 모든 사람들이 같은 의견을 갖고 있다면 어떨까요? 의견 대립으로 싸울 일도 없어지니, 행복하게 살아갈 수 있을까요? 아마 그렇지 않을 거예요. 누구와 이야기하더라도 항상 똑같아서 일상이 재미없게 느껴지겠지요. 친한 친구들과 대화할 때 의견이 같을 때도 있지만, 그렇지 않을 때도 있어요. 즉, 의견 대립으로 언쟁을 벌일 때도 있지만, '아, 그렇게 생각할 수도 있겠구나!' 하고 느끼거나 다른 의견을 통해 배우게 되는 점도 있는 것이지요. TV 프로그램 속 연예인들이 하는 이야기를 듣고 박장대소하는 것도 그 연예인들이 여러분이 생각하지 못했던 재미난 이야기를 했기 때문이 아닐까요?

세상에는 다양한 생각을 가진 사람들이 있어요. 그렇기에 우리가 미처 생각하지 못했던 여러 가지의 일들이 생겨나는 거예요. 확실한 내 의견을 갖는 것도 중요하고, 타인의 의견을 존중하는 마음을 갖는 것도 중요해요. 다양한 의견이 있기 때문에 세상은 재밌는 것이랍니다.

세상에는 다양한 의견들이 존재해!

생각해 보자
- 모든 사람들의 의견이 똑같다면 어떻게 될지 한번 상상해 보자.

4 토론을 '승부'로 여기는 것은 잘못된 생각이다

☆ '쟤한테는 지고 싶지 않아'라는 생각은 옳지 않다

학급 회의에서 '어떻게 하면 모두가 사이좋게 지낼 수 있을까?'라는 의제로 토론을 하기로 했어요. A는 "매달 자리를 바꾸면 여러 친구들과 대화할 수 있는 기회가 생길 거예요." 하고 제안했어요. 그리고 나는 "지금까지 자리를 여러 번 바꿨는데도 친해지지 못한 친구들이 있으니, 큰 의미가 없다고 생각해요."라고 의견을 말했어요. 그러자 자신의 의견을 부정당한 A가 얼굴이 새빨개져서 "내 의견이 맞아! 내가 이겼어!"라고 반론하기 시작했어요.

여기서 토론은 '승부를 겨루는 장'이 아니라는 것을 이해해야 해요. 이 토론의 목적은 어디까지나 '어떻게 하면 모두가 사이좋게 지낼 수 있을까?'를 생각하는 거예요. 그런데도 A는 자신의 의견이 반론당했다는 이유로 '반대 의견을 말한 사람을 이기고 말 거야.'라는 생각에 사로잡혀, 토론의 원래 목적에서 벗어나 '이기는 것'으로 목적을 바꿔 버린 것이지요. 이렇게 되면 상대방의 의견을 감정적으로 부정하거나 상대방의 말꼬리를 잡고 늘어지고, 다른 의견에는 귀를 기울이지 않게 되어 44페이지에서 설명한 '논리적인 사람은 하지 않는 다섯 가지 행동'을 하게 된답니다. 그러면 토론은 목적 달성을 위한 올바른 대화의 장이 아닌 말다툼이 되어 버리고 말겠지요. 그렇게 되지 않기 위해 언제나 토론의 '목적'이 무엇인지 염두에 두도록 해요.

토론의 목적은 '승부'가 아니다!

생각해 보자
- 의견을 부정당하면 어떤 기분이 들까?
- 내 의견과는 상관없이 싫어하는 사람의 의견에 반대하거나, 좋아하는 사람의 의견에 찬성하고 있지는 않을까?

5 바른말을 한다고 해서 사람들이 이야기를 들어주는 것은 아니다

☆ 이야기할 때 중요한 세 가지 요소

언제나 거짓말만 하는 사람이 어떤 약을 소개하면서 "이 약을 먹으면 머리가 좋아져."라고 말하고 있어요. 왜 머리가 좋아지는지 전문용어를 써 가며 열심히 약을 설명하는 그를 본다면 어떤 생각이 들까요?

세상에는 사람의 마음을 움직일 때 필요한 세 가지 요소가 있다고 해요. 바로 고대 그리스의 철학자 아리스토텔레스가 말한 '에토스(인간성: 좋은 인상, 신뢰감을 주는 것)', '파토스(감정, 열정: 상대방에게 마음을 전달하는 것)', '로고스(지성, 논리: 알기 쉽게 설명하는 것)'지요. 아무리 어려운 전문용어를 써 가면서 설명하고, 그 내용이 논리적이며 여러분을 설득하기 위한 열정이 느껴진다고 해도 여러분은 '수상한데?'라는 생각이 들 수밖에 없어요. 왜냐하면 그 사람은 늘 거짓말만 해서 믿을 수 없는 사람이기 때문이에요. 즉, 상대방을 설득하기 위한 세 가지 요소 중 '파토스'와 '로고스'는 있지만 '에토스'가 없는 것이지요. 이럴 경우에는 상대방의 이야기를 제대로 듣지 않게 된답니다.

예를 들어, '로고스'는 있지만 의욕 없는 표정으로 대충 이야기하면 '파토스'가 없다는 생각에 이야기를 듣고 싶지 않아져요. 그렇다면 이번에는 모두가 빠져드는 이야기를 하는 사람들을 떠올려 보세요. 그 사람들에게는 '에토스', '로고스', '파토스'가 모두 갖춰져 있지 않나요?

사람의 마음을 움직이는 세 가지 요소

에토스 〈인간성〉
좋은 인상을 주는 것

파토스 〈감정, 열정〉
상대방에게 마음을 전하는 것

로고스 〈지성, 논리〉
알기 쉽게 설명하는 것

이 세 가지는 계속 노력하면서 길러야 하는 요소로, 금방 습득할 수 있는 것은 아니에요. 하지만 매일 의식하면서 말할 수 있도록 하는 것이 중요해요.

모두 중요해!

'에토스'라……

생각해 보자
- 나는 '세 가지 요소'를 모두 갖추고 말하고 있을까?
- 주변에 대화하기 싫은 사람이 있는지 찾아보고, 그 사람은 '세 가지 요소' 중 뭐가 부족한지 생각해 보자.

6 강한 사람에게는 상대방의 입장도 생각할 줄 아는 다정함이 있다

☆ 말은 무기도 되지만 흉기가 되기도 한다

이야기의 논리적이지 못한 부분을 날카롭게 지적하여 상대방을 몰아세울 수 있는 사람은 무척 머리가 좋은 사람일지도 몰라요. 하지만 지적한 내용이 100% 맞는 말이라고 해도 상대방을 궁지로 몰아세우면, 상대방은 '저 사람이 말하는 내용이 맞을지도 몰라. 하지만 이런 식으로 말하지 않아도 됐을 텐데. 이제 저 사람이랑은 말 안 할 거야!'라고 생각할 거예요.

내 의견을 확실히 말하는 것은 물론 중요해요. 하지만 아무리 논리적인 생각이라도 상대방의 기분을 생각하지 않고 궁지로 몰아세운다면 정말 머리가 좋은 사람이라고 할 수 있을까요? 인간에게는 에토스, 파토스(124페이지)가 있어요. 우리는 타인의 입장이 되어 '이렇게 말하면 상대방이 어떻게 느낄까?'를 객관적으로 상상하면서 말할 필요가 있답니다.

논리적 사고는 우리가 살아가는 데 필요한 강력한 무기예요. 그렇다고 해서 이 무기를 마구 휘둘러서는 안 된답니다. 정말로 강한 사람은 '힘과 함께 상냥한 마음씨'를 가지고 있는 법이니까요. 논리적 사고라는 무기를 가진 강한 사람은 약한 사람을 괴롭히거나 하지 않아요. 상대방의 입장이 되어 생각할 줄 아는 배려심이 없다면 말은 폭력과 흉기가 될 수도 있답니다.

상대방의 입장이 되어 생각하는 '배려심'을 갖추자!

생각해 보자
- 상대방이 맞는 말을 했는데도 화가 났던 경험이 있을까?
- '언어폭력'에 대해서 생각해 보자.